101 preguntas para ser culto

101 preguntas para ser culto

ROBERTO PLIEGO

Grijalbo

101 preguntas para ser culto

Primera edición para Estados Unidos: marzo, 2009

D. R. © 2007, Roberto Pliego

D. R. © 2007, derechos de edición mundiales en lengua castellana:
  Random House Mondadori, S. A. de C. V.
  Av. Homero núm. 544, col. Chapultepec Morales,
  Delegación Miguel Hidalgo, 11570, México, D. F.

www.rhmx.com.mx

Comentarios sobre la edición y el contenido de este libro a:
literaria@randomhousemondadori.com.mx

ISBN 978-030-739-273-2

Impreso en México / *Printed in Mexico*

Distributed by Random House Inc.

Índice

Introducción

Tendemos a pensar la cultura como algo que pertenece al pasado y, por lo tanto, sentimos que ni nos toca ni nos pertenece. Decimos cultura y sobre nuestras cabezas se posan la severidad y el aburrimiento. Creemos ser tragados por un enorme bostezo. Que la cultura se nos presente como una señora encopetada que nos mira con soberbia desde su torre de marfil, o como un viejo latoso que agarra a bastonazos a quien se le pone enfrente, no es culpa de ella, es decir, de la cultura, sino de aquellos que han querido convertirla en una especie de club al que sólo tienen acceso unos cuantos miembros distinguidos. En efecto, no hay enemigos más disciplinados de la cultura que quienes la consideran una zona exclusiva.

101 preguntas para ser culto es un libro que avanza en sentido contrario a esa noción elitista; o sea, es un libro para todos. No es para *iniciados*; es para *iniciarse*. ¿En qué? En el placer que sin duda proporcionan la literatura, el teatro, la música, la pintura, la arquitectura, el cine, la fotografía, la escultura. Se dirá que la cultura es demasiado vasta como para obligarla a habitar un espacio tan pequeño. Es cierto, e insisto: este libro busca atraer a esos lectores que, digamos, quieren abrir la puerta y cruzar el umbral pero no han encontrado aún la llave. Invita, sugiere, intenta dar claves sencillas de acceso.

Inicia con Homero, el autor de la *Ilíada* y la *Odisea* allá por el siglo VIII antes de Cristo, y cierra con el novelista mexicano Carlos Fuentes, quien sigue dando mucho de que hablar. Se ciñe, pues, a un criterio cronológico: de los antiguos griegos hasta nuestros días. Salvo Platón, Sigmund Freud y Carl Jung, quienes pertenecen a la historia del pensamiento, pero cuyas obras influyeron y continúan abonando poderosamente el terreno de la cultura. *101 preguntas para ser culto* se ocupa, en pocas palabras, del arte, de las obras maestras, los creadores y movimientos artísticos que he considerado más representativos tras veintiocho siglos de historia. Cultura, como el lector verá en la pregunta correspondiente, no significa acumulación de conocimientos sino cultivo del espíritu, es decir, regocijo frente a los grandes momentos del arte. Por tanto, no hay cabida aquí para la filosofía, la ciencia, la sociología, la gastronomía, en fin, todo lo que han producido la imaginación y el trabajo humano. No he abordado el tema de la cultura en Oriente: supuse conveniente limitar el campo de acción a una sensibilidad que reconocemos próxima.

Las respuestas a cada pregunta no deben juzgarse definitivas ni totales. A veces, las preguntas se encaminan a explorar un determinado aspecto, un detalle del que no podemos prescindir; en otras, aspiran a obtener una visión general que no por ello impide que los lectores participen de una experiencia artística al acercarse por sí mismos a las obras o a los autores sin los cuales no tendría sentido hablar de cultura. Un libro suele conducir a otro libro. En este caso, nada sería tan satisfactorio como que una respuesta condujera a los lectores más allá de este libro, es decir, al encuentro *en vivo*.

He querido agradar sin perder profundidad, ser ligero sin restarle peso a cada asunto, dirigirme a los lectores que están por emprender su primer viaje y no a los que llevan encima muchas millas acumuladas. Espero que se note. Ahora, y ya que se trata de alimentar el espíritu, demos vuelta a la página que la cultura está servida.

ROBERTO PLIEGO

1

¿HOMERO FUE UN POETA O EL NOMBRE QUE LA HISTORIA LE DIO A UN GRUPO ANÓNIMO DE POETAS?

Desconocemos los detalles minúsculos, y aun los generales, sobre la vida de Homero. No sabemos dónde nació, cómo adquirió sus dotes poéticas, bajo qué circunstancias llevó a buen puerto su tarea titánica. Sabemos, sin embargo, una cosa: Homero fue el autor de la *Ilíada* y la *Odisea*. He dicho "autor". En realidad, es más justo llamarlo editor-autor. A mediados del siglo VIII antes de Cristo, Homero recogió las tradiciones orales y los relatos populares que los aedos cantaban en fiestas y celebraciones, los dotó de una voz única y consistente y les dio la forma individual de dos grandes poemas que evocaban el espíritu heroico de una Grecia que para entonces ya sólo vivía en el recuerdo.

La *Ilíada* vio su aparición en el año 750 antes de Cristo. Aunque tiene como marco el sitio de Troya, su acción se concentra en "el divino Aquiles", que se retira de la batalla tras una disputa con Agamenón, y vuelve para vengar la muerte de Patroclo. El Homero de la *Ilíada* siente una noble fascinación por el lenguaje de las armas y por las virtudes guerreras. Su interés se alimenta de la epopeya: ante nuestros ojos, los campos de batalla parecen bullir y estremecerse con valor propio. Sin embargo, no puede dejar de traslucir una tristeza solidaria por la destrucción de Troya.

La *Odisea,* compuesta cuatro décadas después, arranca en este punto. Odiseo, el artífice del triunfo aqueo, emprende el viaje de regreso a la ciudad de Ítaca. Pero ese regreso está lleno de contratiempos. Pasarán veinte años desde que Odiseo marche a la guerra hasta que vuelva al hogar. En el camino ha enfrentado a dioses, monstruos y hechiceras valiéndose de un instrumento poderoso: el engaño. Ya no estamos ante la glorificación de las armas, sino ante el premio a la astucia y al cálculo frío. Si el héroe de la *Ilíada* es el guerrero en busca de gloria, el de la *Odisea* es el hombre que actúa con inteligencia para recuperar su pasado.

En la primera mitad del siglo XX los eruditos asociaron la figura de Homero a un grupo de artesanos de la palabra que ordenaron y pusieron por escrito los cantos míticos que llevaban los nombres de *Ilíada* y *Odisea.* Hoy esa hipótesis parece superada, a pesar de que de Homero sepamos tan sólo que era ciego.

2

¿QUÉ DESCUBRIERON LOS ESCULTORES Y PINTORES ATENIENSES?

Lo que conocemos como la Grecia antigua fue un conjunto de ciudades-Estado con leyes y atributos propios. De entre ellas, Atenas cristalizó –y proyectó hacia el Mediterráneo oriental– un ideal estético que se fundaba en la convicción de que el arte debía abarcar todos los aspectos de la realidad física.

Es probable que la construcción de los primeros templos religiosos en el siglo VI antes de Cristo coincidiera con el viraje de las técnicas de representación de la figura humana. Sin renunciar del todo a las viejas reglas, los escultores atenienses iniciaron el lento camino de la independencia creadora. Se encontraron con que los maestros egipcios modelaron figuras erguidas siguiendo determinados patrones que pasaban por alto la experiencia empírica: procedían respetando una serie de convenciones heredadas sin confiar en sus ojos. Tomaron, pues, la ruta contraria. Aplicaron métodos rigurosos de observación con los que lograron combatir la rigidez y animar la piedra inerte.

Más ambiciosos fueron los pintores. Las pocas muestras que conservamos —escenas decorativas en vasos o tinajas de vino— revelan que para el siglo v antes de Cristo ya se habían popularizado en Atenas dos aportes revolucionarios: el descubrimiento del escorzo y el de las formas naturales. El método inaugural de aquellos artistas nos parece hoy muy sencillo. Consistía en no incluir aquello que la imaginación y el conocimiento sabían que pertenecía a la realidad pero estaba lejos del alcance de la mirada. Debían renunciar a la totalidad. Vemos las personas y las cosas según el punto de vista que adoptamos. ¿Qué importaba así que dos guerreros inclinados de perfil sobre un tablero de damas ocultaran uno de sus brazos bajo una túnica amplia?

Escultores y pintores ocuparon un lugar intermedio en la escala social de Atenas. Ya que se empleaban en actividades manuales, estaban excluidos de la esfera política. Consta, sin embargo, que tenían privilegios desconocidos por sus antecesores egipcios y asirios y que incluso podían moldear las opiniones de algunos filósofos y patricios.

3

¿LA TRAGEDIA GRIEGA TUVO ALGO QUE VER CON EL DESTINO?

Contemplemos el siguiente dilema: Antígona debe elegir entre acatar las leyes divinas o las leyes humanas. El cadáver de su hermano Polinices yace insepulto frente a las murallas de Tebas. ¿Qué hacer? Los dioses exigen darle sepultura a los muertos pero la ciudad prohíbe hacerlo con los traidores. Es un momento enigmático, desesperado, de *Antígona* de Sófocles quien, junto con Esquilo y Eurípides, concibió a la tragedia como un ritual en el que la libertad siempre se ponía a prueba.

Poco después de que este género llenara de piedad y temor a la sociedad ateniense del siglo v antes de Cristo, Aristóteles instituyó una definición canónica: "La tragedia no imita a los hombres, sino una acción, la vida, la felicidad o la desgracia; ahora bien, la felicidad y la desgracia están en la acción, y el fin de la vida es una manera de obrar, no de ser". No se trata pues, como pretende la opinión corriente, de la marcha ciega del destino y la derrota irreversible del hombre. Los personajes trágicos lo son en la medida en que llevan la pregunta siguiente hasta sus últimas consecuencias: ¿qué hago, actúo o no actúo, tiento o no tiento al destino? Por encima de ellos están los dioses, que representan el poder e intervienen en forma de ofuscamiento, advertencia o profecía, y simbolizan también los abismos malaventurados del carácter.

Las representaciones comenzaban al caer la tarde, finalizaban ya entrada la noche y tenían un poder hipnótico sobre los espectadores. Solían transcurrir, si se vale invocar el lenguaje televisivo, en tiempo real. Los actores –sus rostros cubiertos con máscaras– asumían su papel con la dignidad de un sacerdote. Eran Edipo, Áyax, Heracles, Orestes, Electra, Medea… ¿Confiaban en agradar, en divertir? No. Sus palabras reproducían las voces de los héroes que tocaban el fondo de la condición humana, extraños para sí mismos y para el mundo, y, sin embargo, dolorosamente libres.

4

¿QUÉ ASUNTOS EXPLORÓ
LA FILOSOFÍA DE PLATÓN?

En el centro del pensamiento de Platón se encuentra una escena plástica. Los seres humanos habitan una caverna y se hallan tan absortos en la contemplación de las imágenes provenientes del mundo exterior, proyectadas sobre uno de los muros, que ignoran incluso que permanecen de espaldas a la entrada. Eso que ven no es más que un reflejo borroso de las formas puras. Ven una silla, por ejemplo, pero ese objeto es apenas una sombra de la idea misma de silla. Pensemos ahora en el cuerpo. ¿Qué es?: la morada imperfecta y mortal del alma que pugna por liberarse y fundirse con el Ser. Los sentidos engañan. Sólo mediante la mirada absoluta del alma podremos abandonar la caverna, deshacer el espejismo y contemplar, sin ataduras, la belleza eterna.

Platón puso su doctrina en boca de Sócrates, condenado a muerte en el año 399 antes de Cristo "por corromper a la juventud y no venerar a los dioses de la ciudad". En sus *Diálogos* ofrece un retrato en tonos admirativos de Sócrates, a quien presenta debatiendo en atmósferas sugestivamente festivas, confrontando las creencias de médicos, poetas, gobernantes… y desarmando los postulados falsos de los charlatanes. Se diría que, con Sócrates en el papel de conductor, escenifica un drama en donde las ideas son personajes de carne y hueso. Al utilizar el debate como método para alcanzar la verdad, Platón despojó a la filosofía de complicaciones teóricas sin restarle rigor ni profundidad. No por nada Sócrates deplora, con cierta melancolía, que los hombres se entreguen a placeres vanos y no al placer supremo que proporciona la búsqueda del conocimiento.

Es posible acercarse a la doctrina platónica convencidos de que ningún asunto le fue ajeno. Ahí están la religión, la política, la poesía, la amistad, la justicia, el amor. Por cierto, una aclaración sobre este último: en rigor, el amor según Platón es aspiración a lo divino y no tanto ausencia de placer carnal.

5

¿QUÉ SIGNIFICA *PAIDEIA?*

En 1933, el investigador y filósofo alemán Werner Jaeger dio a conocer sus resultados sobre la formación del hombre griego, el de los tiempos remotos y el de los gloriosos, como base para abordar un tema fascinante: ¿qué mecanismos culturales, sociales, políticos intervinieron en la configuración del modelo de humanidad en el mundo helénico? O sea: ¿por qué Grecia constituye aún hoy una referencia frente a la cual resulta innoble volver la espalda? Volvamos a los constructores de aquellos tiempos, a los que sabían de Homero y sus cantos heroicos, a los trágicos, a los arquitectos, pintores, escultores, y a quienes traducían a términos abstractos el lenguaje artístico de todos ellos: los filósofos.

Dice Jaeger que toda civilización que alcanza cierto grado de desarrollo está inclinada a practicar la educación. Mediante ella, las sociedades toman conciencia de los valores que rigen la existencia humana. A mayor estabilidad de las normas, mayores serán los fundamentos pedagógicos, y viceversa: la estabilidad de las normas depende de que la educación pueda conservarlas y transmitirlas. Tengamos en cuenta que la aparición de Grecia significó una auténtica novedad histórica, y no por su poderío militar y económico sino porque tuvo, una vez que llegó a la edad adulta, conciencia de su por qué y para qué: la formación de un "elevado tipo humano". ¿Cómo? En forma de *paideia*. Con ella, los griegos querían denotar, en un todo dinámico e integral, lo que nosotros entendemos por cultura, civilización, tradición, literatura y transmisión de una identidad espiritual.

En la *paideia* reconocemos dos aspiraciones máximas: el conocimiento de uno mismo y el claro sentido de pertenencia a lo griego. Individuo y comunidad eran manifestaciones de un mismo esfuerzo. Uno y otra eran inconcebibles sin la pareja restante. Podemos ahora determinar la peculiaridad de la Grecia antigua en relación con los pueblos que la precedieron. Su revelación postrera fue la de "la conciencia paulatina de las leyes generales que determinan la esencia humana". Al hombre como identidad autónoma o como ser gregario se sobrepuso una empresa mayor: la del hombre como idea, proyecto, realización, en suma, como concepto universal.

6

¿QUÉ POETA DEL MUNDO ANTIGUO CONDENSÓ LOS RELATOS DE LA MITOLOGÍA GRECORROMANA?

No está dicho por qué cayó de la gracia del emperador Augusto en el año 8 después de Cristo, que le condenó al exilio en las tierras bárbaras de la costa oeste del Mar Negro. Sí está dicho por qué sobresale hoy al lado de otros poetas latinos –Virgilio, Horacio, Tiburcio, Propercio–: no hay libro de la antigüedad clásica tan visitado y recreado, al menos desde la Edad Media y el Renacimiento, como sus *Metamorfosis*.

En quince secciones de amplio alcance, Ovidio hace el elogio del cambio, o de "Cómo los cuerpos cambian / En cuerpos diferentes", desde la transformación del Caos en tierra, mar y cielo, hasta la del emperador Julio César en una estrella. Apenas el lector comienza a familiarizarse con el ritmo y la intención de las historias, descubre que el propósito ejemplar de las *Metamorfosis* es revelar la unidad y el parentesco entre todos los seres, animados e inanimados, que existen en el mundo. Dioses y hombres; hombres, plantas, animales y minerales dan lugar a una serie de relaciones gobernadas por el intercambio de naturalezas y atributos. Así vemos a la tejedora Aracne convertida en araña por desafiar a la diosa Palas-Minerva; a Zeus bajo la forma de un toro que transporta sobre su lomo a la hermosa Europa; o a Filemón y su esposa Baucis, a quienes Júpiter les concede la metamorfosis en tilo y encina para que puedan permanecer siempre juntos.

Del conocimiento de los mitos, heredados y venerados por su época, le llegan a Ovidio los detalles y las variaciones de cada uno de los relatos. Algunos de ellos aparecen en su versión primitiva, otros admiten dos o incluso tres perspectivas. A veces, un mito contiene a otro mito, que a su vez contiene a uno más, como sucede con esas muñequitas rusas cuya simplicidad es sinónimo de complejidad. Ovidio cuenta y cuenta en verso, tratando de ofrecer el mayor número posible de historias y renunciando a tomar partido por hombres o dioses. En tal sentido, las *Metamorfosis* invitan a leerse como un muestrario de las maneras múltiples que puede adoptar una voz narrativa.

7

¿EL PAPA GREGORIO COMPUSO
LOS CANTOS GREGORIANOS?

El evangelista san Mateo refiere que Cristo y sus apóstoles cantaban himnos y salmos en alabanza a Dios. Esas canciones tenían el sello inconfundible de las salmodias que coloreaban los ritos judíos. Servían de lazo entre el hombre y la fe religiosa, y no respetaban más principio que el de musicalizar algunos pasajes bíblicos.

No conservamos registros de aquellos cantos. Estamos seguros, sin embargo, de que la cítara, el aulo –semejante a un doble oboe–, el arpa, la flauta y la lira eran de uso corriente. Pero el instrumento por excelencia fue la voz humana. Avanzaba recitando sobre un mismo tono que se elevaba en medio y al final de una frase. A veces, alternaba con otra. Debemos suponer que fluía lentamente, a un ritmo que manifestara serenidad y devoción.

Fue san Ambrosio quien, a fines del siglo IV, añadió el himno al salmo y a los cánticos. Se trataba de un poema con una métrica elemental pero expresivamente más libre. De este modo nació la música eclesiástica, que se difundió

desde Milán por toda la península itálica y que en su recorrido asimiló nuevas sensibilidades e influencias. Al cabo de
dos siglos, la novedad musical de san Ambrosio había inspi-
rado tal cantidad de material litúrgico que el papa Gregorio
tuvo que introducir una reforma. Hacia el año 600 ordenó
que la cristiandad adoptara un canon irrefutable. Compiló,
seleccionó y unificó la herencia musical. Después instituyó
la *Schola Cantorum,* encargada de vigilar los criterios impuestos por la iglesia romana. Hay que agregar, en honor a
la verdad, que el papa Gregorio no compuso una sola pieza.
Fijó ciertas reglas, estableció una dirección.

Eso, pues, que conocemos como cantos gregorianos,
y cuyo repertorio ha perdurado hasta nuestros días a pesar
de que la notación musical apareció hasta el siglo x, no es
otra cosa que aquellos primeros cantos de la era cristiana,
enriquecidos por las aportaciones de san Ambrosio. Son un
trasunto de la divinidad, profundos, bendecidos por una
comunidad espiritual, y de ninguna manera atribuibles al
papa Gregorio.

8

¿POR QUÉ EN LAS HISTORIAS DE LA CULTURA SE MENCIONA POCO A LA EDAD MEDIA?

Las hay, sólo que adaptadas a eso que los historiadores suscriben a la Baja Edad Media, un periodo que ocupa cuatro siglos: entre el XII y el XV. Con ánimo de fijar rupturas históricas, es posible aventurar que la Edad Media comenzó a perfilarse una vez que el emperador Constantino designó al cristianismo como la religión oficial del agonizante imperio romano: siglo IV. De ahí hasta el siglo XI debemos tratar con la Alta Edad Media. Decimos Edad Media y ante nosotros se muestra una sociedad, la europea, armada hasta los dientes, haciéndole frente a las invasiones bárbaras, o germánicas, y atrincherada en los castillos o monasterios. La verdad es que la iglesia católica adoptó e integró a los invasores y que en ese proceso reforzó su personalidad.

Conviene pues distinguir entre la Alta y la Baja Edad Media. De aquélla no queda sino la memoria de que protegió los bienes romanos y cristianos del empuje árabe. Si hubo muestras arquitectónicas, pictóricas o literarias no las conocemos. Sin embargo, alguna certeza nos queda: el latín fue la lengua en la que el saber prosperó y se conservó. De la Baja Edad Media hay mucho que decir. Para empezar, su alborada coincidió con el naciente prestigio de las lenguas nacionales. Para seguir, su rumbo marcó la consagración de esas lenguas. Junto al crecimiento de las ciudades prosperaron la prosa y la poesía con motivos sublimes, muy a tono con la sensibilidad estamentaria que tomó a la corte del rey Arturo como pretexto para imaginar un mundo ideal en el que los caballeros andaban en busca del Santo Grial y las damas exigían valor y fidelidad.

Algo hay de premura en esta descripción. No tiene, sin embargo, nada que ver con la cara oficial de la Edad Media. El problema con ella es que, desde su concepción hasta el siglo XII, su biografía no atendió más que a invasiones, cruzadas, edictos papales, órdenes feudales y, ni modo, persecuciones contra los enemigos de la iglesia cristiana.

9

¿NUESTRA IDEA DEL AMOR
NACIÓ EN LA EDAD MEDIA?

Lo que llamamos amor, ese modo occidental de fundirnos en otra alma antes de precipitarnos en la derrota, o en la muerte, es una invención cultural. No es una luz intrínsecamente humana, no es un don, no es el fin de la batalla. Es pura literatura. Nuestra manera de amar no es sino un homenaje a las vicisitudes infortunadas, y de raíces medievales, de Tristán e Isolda.

"El amor feliz no tiene historia", escribió el pensador francés Denis de Rougemont a propósito de esta pareja, nacida de la imaginación y de la sociedad cortesana y caballeresca de los siglos XII y XIII. Tristán e Isolda: ¿qué representan? El prototipo de una relación en la que el deseo nunca se colma. Que el amor sea pasión y no culminación plena, que en virtud de ello arrastre al sufrimiento es una experiencia de la que seguimos participando. Cuando decimos amor, amor del bueno, invocamos a la pasión. ¿Qué importa si ésta puede conducirnos a la desgracia?

La desgracia de Tristán e Isolda es la de un hombre y una mujer que solicitan el adulterio. Tristán es huérfano y caballero. Debe cumplir una tarea: llevar a la princesa Isolda ante el rey que ha decidido desposarla. En medio de una tormenta, Tristán e Isolda beben, por error, el vino de hierbas destinado a los esposos. De modo que se confiesan amor y siguen sus instrucciones. Isolda y el rey ya están en matrimonio pero el vino de hierbas continúa favoreciendo a Tristán. El amor aviva el fuego a pesar de las prohibiciones religiosas y sociales hasta que el rey sorprende a los adúlteros. Hay un castigo y luego un perdón, hay un arrepentimiento y luego otra vez la pasión. Sin embargo, Tristán e Isolda toman caminos distintos. Él encuentra a otra Isolda, ella obedece al rey. Y así, hasta la muerte de Tristán por una herida de guerra mal curada, que a su vez precipita la de Isolda.

Ese modelo no ha sufrido variaciones. Nuestro imaginario cultural acepta que el amor únicamente lo es cuando debe remar contra la corriente. Como se preguntó De Rougemont: "¿hay que creer, en secreto, que preferimos lo que nos hiere y nos exalta a lo que parecería colmar nuestro ideal de vida armoniosa?"

10

¿QUÉ RELACIÓN HAY ENTRE LAS GRANDES CATEDRALES DE EUROPA Y EL ESTILO GÓTICO?

Las basílicas y los monasterios, de aspecto rotundo y severo, despiden sus últimos resplandores. El arte románico tiene sus días contados. Con él muere en efecto una visión de mundo que expresa la consigna todavía medieval de que la iglesia católica debe combatir las fuerzas del mal hasta el día en que las trompetas anuncien el fin de los tiempos. ¿Qué ha pasado? Una vez que los ingenieros descubrieron la posibilidad de abovedar las iglesias mediante arcos cruzados, las construcciones prescindieron al fin de los pesados muros de piedra sin riesgo de que toda la estructura se viniera abajo. Los pilares macizos fueron sustituidos por otros más delgados; las nervaduras estrechas formaron en las alturas un tejido ingrávido y sutil. El resultado sigue cortando el aliento: una mezcla de piedra y cristal en consonancia con la aspiración de absoluto.

El siglo XIII representa, entre otras cosas, el triunfo de las catedrales y, por añadidura, del estilo gótico. Por primera vez en la historia, la arquitectura europea ofrecía indicios del paraíso celestial. La amplitud de las naves, la gradación lumínica que aportaban los amplios ventanales, la viveza animada de las estatuas dispuestas en fachadas y pórticos no eran otra cosa que la materialización del sueño milenario de trasladar el cielo a la tierra. Al domesticar la piedra los artistas góticos quisieron comunicar el dulce estremecimiento que acompaña a quienes caen fulminados por un trance místico.

Las catedrales de Chartres, Notre Dame, Amiens, Colonia, Namburg, Estrasburgo, pertenecen a una época que condenaba el beneficio comercial. No es de extrañar, pues, que se erigieran con las donaciones de viejos y cansados hombres de negocios, preocupados por la salvación de sus almas. Ese dinero iba a parar a las manos del obispo en turno, a menudo pariente o favorito del rey. Entonces iniciaba la construcción de una catedral, más bella y majestuosa que las demás, sin duda espoleado por la secreta voluntad de obtener una jugosa ración de prestigio individual.

11

¿ FUE MARCO POLO UN COMERCIANTE
O UN VIAJERO?

En 1296, junto con la tripulación de 25 barcos mercantes al servicio del reino de Venecia, Marco Polo fue hecho prisionero y convicto en una cárcel de Génova. Permaneció ahí tres años, un periodo suficiente para iniciar y concluir el relato de sus viajes por Asia al que llamó, con pasmosa imparcialidad, el *Libro*. "No he escrito", dijo después, "ni la mitad de lo que vi".

No es que el relato fuera rico en minucias y detalles, pero nunca antes Europa había tenido una descripción tan de primera mano de China. Marco Polo salió de Venecia en 1271 y llegó a Pekín en 1275, luego de atravesar los territorios actuales de Siria, Irán, Afganistán, India y Paquistán. Los tres años y medio que duró el viaje no aluden únicamente a una medida de tiempo; son la medida del temple y la paciencia que había que poseer para emprender una aventura como aquélla.

Marco Polo obedeció a un impulso primario: debía acompañar a su padre y a su tío, que antes habían recibido el encargo del Gran Kahn de llevar frailes a Pekín para que difundieran el cristianismo entre los mongoles. Ignoraba que permanecería diecisiete años a las órdenes del Gran Khan quien, maravillado por su discreción y su don de lenguas, le asignó un puesto en su consejo privado. Que lo haya nombrado emisario sin duda contribuyó a formar sus dotes narrativas. Marco Polo rememoró las maravillas de un imperio porque ya antes lo había hecho para el Gran Khan. Le prestó sus ojos, igual que se los prestó a su público europeo. De este modo, el *Libro* fue no sólo un registro de su estancia en China sino un mecanismo en el que un suceso despertaba a su vez la sospecha de ya haber sido contado.

Uno tiende a relacionar el nombre de Marco Polo con la expansión del comercio entre Europa y Asia, y con algunas bondades del temperamento mercantil. Seríamos en verdad justos si resaltáramos su modestia objetiva. A diferencia de muchos de sus continuadores, se interesó por registrar lo que veía y no lo que sintió, pensó, creyó atestiguar.

12

¿QUÉ LUGAR OCUPA GIOTTO
EN LA HISTORIA DE LA PINTURA?

Es rara la historia de la pintura que intente explicar el paso del conservadurismo bizantino a una forma inédita de representar la figura humana sin recurrir a los aportes innegables del visionario florentino Giotto di Bondone. Tenemos la manía de conceptualizar la pintura como una línea progresiva en la que destacan algunos visionarios, que por lo general encabezan una ruptura. No es un método riguroso, ni justo con aquellos que guardaron el anonimato, pero ayuda a simplificar los periodos de cambio.

Giotto nació en Florencia, quizá en 1266. No le tocaron, como a tantos artistas extraordinarios, malos tiempos en que vivir. Florencia era entonces la capital financiera e industrial de la península itálica, la clase de ciudad pujante –famosa por la calidad de sus paños– donde las artes visuales podían hallar patrocinadores. No menos erróneo es decir que su florecimiento corrió parejo a los éxitos terrenales de la orden franciscana.

Giotto es impensable sin la protección de los franciscanos, de la misma manera en que la pintura occidental es injustificable sin la mano de Giotto. Los frescos (murales pintados sobre yeso húmedo) de las iglesias de Asís, Rímini y Padua, bastiones de la orden franciscana, contienen las claves de su lenguaje. Giotto redefinió la superficie plana. ¿Cómo? Creando la ilusión de profundidad mediante el manejo vigoroso del claroscuro y una concepción restringida del espacio gracias a la cual los objetos y las figuras ya no aparecían aisladamente sino como eslabones de una composición unitaria. A estas virtudes técnicas habría que agregar otra de índole ideológica. Giotto introdujo al pueblo en sus escenas religiosas, la mayoría de ellas inspiradas en la Pasión de Cristo y en vidas de santos. Sus figuras tenían los mismos rasgos y gestos, las mismas ropas, que aquellos hombres con los que compartía la vida cotidiana. De esta manera hizo posible que los espectadores sintieran el impulso de vivir cada una de las escenas representadas.

Giotto fue el primer pintor preocupado por establecer la autoría de sus obras. A partir de él, la historia de la pintura sería una historia de nombres.

13

¿QUÉ PLACER NOS COMUNICAN LOS CUENTOS DE *EL DECAMERÓN* DE BOCACCIO?

Nada más mezquino que creer que los verdaderos escritores son quienes nunca alcanzaron un éxito rotundo en su época. Por fortuna, ahí están Shakesperare, Cervantes, Voltaire, García Márquez –la lista puede abarcar decenas de páginas–, para desmentir a los envidiosos. Y ahí está Giovanni Bocaccio, cuyo arrastre popular no ha mermado hasta nuestros días. Han pasado seis siglos y medio desde que publicó *El Decamerón* y su potencia humorística se mantiene intacta.

¿Qué placer pueden comunicarle los 100 cuentos de Bocaccio al lector de hoy? Las primeras páginas de *El Decamerón* son una descripción de la famosa epidemia de peste que puso cerco a Florencia en 1348. Apenas y tenemos tiempo para tomar aire antes de que iniciemos nuestro recorrido por las calles y caminemos al encuentro de pilas de cadáveres que reciben un trato de mercancías. La visión es aterradora porque no escatima detalles. Sin embargo, hay algo aún peor que la muerte por descomposición: la indigencia moral de los sobrevivientes, cuyo temor al contagio rompe cualquier vestigio de solidaridad, incluso entre padres e hijos. Uno espera entonces que Bocaccio pronuncie un sermón sobre la naturaleza egoísta de la especie humana. ¿Y qué hace? Toma una pausa y nos presenta a los protagonistas de su libro, siete damas, hermosas, de buen linaje, y tres jóvenes a los que toman como protectores. Están a punto de abandonar Florencia para refugiarse en una casa solariega junto a la cual se extiende "un prado en el que las hierbas son altas". Allá la danza de la muerte; acá el goce de vivir.

Para espantar el ocio deciden contar historias, una por cabeza, diez por jornada. Hemos dejado atrás el horror. Ahora nos abandonamos a una cadencia narrativa que quiere distraernos, volcarnos de risa, regocijarnos con cuentos picantes, por no decir entregados a los festines de la carne, nunca moralistas, que abundan sobre tres temas fundamentales: el azar, el ingenio, el amor. Se trata de cuentos arraigados en la tradición medieval que Bocaccio torció libremente para adaptarlos a la sensibilidad laica, y burguesa, de sus lectores que, sin temor a la estadística, se contaban por miles. Al caer el siglo XIV no había hogar letrado en la península itálica que no dispusiera de un ejemplar de *El Decamerón*.

14

¿POR QUÉ ADMIRAMOS
LA *DIVINA COMEDIA* DE DANTE?

Hace algunos años el crítico literario Harold Bloom diseñó una suerte de zona VIP a la que sólo tuvieron acceso 27 autores cuyos atributos estéticos les dieron derecho a ser considerados canónicos, es decir, "autoridades en nuestra cultura". Ahí destacaba, la figura de Dante, elevándose por encima de cada uno de ellos, a excepción de Shakespeare.

¿Quién fue Dante? Según Bloom: "el más agresivo y polémico de todos los escritores importantes de Occidente", "un partido político y una secta de un solo miembro". La audacia de tales definiciones apenas da cuenta de la audacia misma de Dante. Que en pleno siglo XIV un autor asimilara la tradición sólo para adaptarla a sus propios intereses, que en vez de seguir a los maestros hubiera optado por la originalidad, habla de cómo rompió los moldes e inventó una voz y una personalidad individuales. Vale decir que Dante no aceptó más influencias que las de su sensibilidad y experiencia.

La *Divina Comedia* es un largo poema dividido en tres partes ("Infierno", "Purgatorio" y "Paraíso") y, a final de cuentas, un atrevimiento sin antecedente alguno, una ola gigantesca que avanzó derribando cualquier límite a su paso. Ese atrevimiento encarna en la figura de Beatriz, que conduce a Dante hasta la presencia de Dios, luego de ponerlo bajo el cuidado de Virgilio, autor de la *Eneida* (siglo I antes de Cristo) y padre espiritual del pasado romano, quien lo guía a través del infierno y el purgatorio. Beatriz es la imagen sublimada e idealizada del amor, es la fuente del deseo y, por mandato poético, no religioso, un personaje decisivo de la jerarquía celestial. Para hacerse una idea de lo que significaba elevar una figura humana a rango divino basta decir que a Dante no se le ocurrió jamás convertir a su Beatriz en un símbolo. Según indicios históricos, se trata de Beatriz Portinari, la hija de un banquero florentino. Lo que importa es la libertad con que Dante le asignó el papel de intermediaria entre lo humano y lo divino.

Hay quienes interpretan la *Divina Comedia* desde un punto de vista meramente religioso. Estamos frente a un canto, dicen, a la salvación por medio del amor. ¿Un texto teológico con la apariencia de un poema? Otros, como Bloom, prefieren encontrar en ella la exaltación de la individualidad literaria y la autonomía imaginativa.

15

¿QUIÉN FUE EL PRIMER ESCRITOR IRÓNICO DE LA LITERATURA EN LENGUA INGLESA?

A excepción de algunas referencias mínimas que los historiadores han recopilado a cuentagotas, poseemos un mapa biográfico muy pobretón del prosista inglés Geoffrey Chaucer. Nació entre 1340 y 1343. Sus padres fueron importadores y distribuidores de vino, lo que le permitió seguir la carrera de leyes. Hábil diplomático, dominaba el inglés, el francés, el latín y el italiano, y gozó, hasta su muerte en 1400, de la protección de nobles y reyes. Combinó su trabajo al servicio de la Corona con la escritura y con la observación microscópica de su época, un engorroso listado de guerras, pestes, hambrunas y rebeliones.

Los padres literarios de Chaucer fueron Dante y Bocaccio. Como Inglaterra no tenía aún modelos propios, no hay que sorprenderse frente a la afirmación de que la literatura inglesa adquirió carta de ciudadanía gracias a Chaucer y a su obra –por cierto, inacabada–: *Los cuentos de Canterbury*. Treinta peregrinos, incluyendo al mismo Chaucer, narran historias de camino a Canterbury, sitio obligado de peregrinaje, a la par de Santiago de Compostela, Roma y Jerusalén. Inútil buscar rastros de moralismo y didactismo en cada una de ellas. No parecen ciertas, ni buscan la verdad. Son sólo historias, noticias nuevas, técnica y temperamentalmente abiertas a celebrar el placer de narrar.

Por *Los cuentos de Canterbury* desfila un grupo variopinto de personajes, hijos de un catolicismo en zozobra y de la expectativa social de inseguridad y declive. Ahí están el caballero, el vendedor de indulgencias, el administrador, el magistrado, el alguacil, el fraile, el médico, el cocinero, la monja, la viuda alegre... Todos tienen algo que decirnos; en especial, de sus personas. El método con que Chaucer describe la psicología profunda de cada peregrino indica el tamaño de su empresa literaria. Sería muy propio, y muy moderno, calificarlo de ironía. En efecto, el estilo chauceriano es amigo de tomar distancia, en la mejor tradición del autor que trata a sus personajes con desapego, poniendo de manifiesto su carácter ambiguo a partir de la acentuación de ciertos rasgos cómicos, y con la conciencia risueña de que la ficción es un territorio en el cual avanzamos sobre arenas movedizas. Leemos a Chaucer y reímos; contemplamos a sus personajes y admiramos el gusto con el que actúan como ellos mismos.

16

¿EL HUMANISMO INSPIRÓ EL ANHELO
DE UNA VIDA MÁS BELLA?

En la tercera década del siglo xx el historiador holandés Johan Huizinga describió al otoño de la Edad Media como una época en que la dicha de vivir todavía pecaba contra el buen tono. Es cierto, la música, la poesía popular, la pintura de corte mundano celebraban al mundo con una ingenuidad fresca, pero el acento seguía recayendo sobre los aspectos negativos de la existencia: la codicia, la maldad, la miseria, el dolor, el sufrimiento que contemplaba la ruina humana. Por doquier se observaban imágenes de lo más sombrías que no hacían sino robustecer una concepción pesimista del presente.

Cuando volvieron los ojos hacia la antigüedad clásica, los llamados *umanisti* –un término derivado de *humanitas,* que Cicerón empleó en el siglo I antes de Cristo para referirse a las obras escritas con elegancia– hablaron por primera vez de su propio tiempo en palabras llenas de satisfacción y optimismo. Descubrieron que los clásicos, griegos y romanos, habían intentado descifrar las claves del mundo valiéndose de una certeza primordial: el hombre es la medida de todas las cosas. No es de extrañar que esta perspectiva desembocara en la búsqueda del perfeccionamiento individual, en la alabanza de la voluntad creadora, el menosprecio de la quietud contemplativa, y en la observación de la naturaleza como fuente de gozo y sabiduría.

La glorificación de la antigüedad clásica trajo consigo una visión oscura del pasado cercano y aun lejano. Ahí donde prevalecía la cultura escolástica, ahí donde sólo importaba el más allá, los humanistas vieron ignorancia y barbarie. No es posible explicarnos el Renacimiento sin su nostalgia por una vida más bella pero tampoco la visión parcial de la Edad Media que prevaleció hasta el siglo XIX.

17

¿CUÁNTAS MANERAS EXISTEN
DE INTERPRETAR EL RENACIMIENTO?

Como punto crucial de la historia de Occidente, como piedra de toque de nuestra idea de cultura y gozne entre lo antiguo y lo moderno el Renacimiento se presenta ante nosotros cargado de múltiples orientaciones y claves de significado. Somos, sin duda, hijos suyos, es decir, portadores de su fe ilimitada en las posibilidades creadoras del ser humano. Quizá por eso tendemos a juzgarlo con excesiva liberalidad. Le debemos tanto que subrayamos sus aspectos luminosos y echamos en falta lo que tuvo de confusión y desaliento.

Solemos explicar la historia en términos de grandes rupturas. Atrás quedan las cadenas del pensamiento, adelante se perfila un paisaje de adelantos y progreso. Esa tendencia empaña nuestra percepción del Renacimiento. Sí, hay en él una conciencia nueva sobre el papel del hombre y su tarea en el mundo. El centro de atención se desplaza de las disciplinas especulativas al saber práctico; las instituciones políticas, sociales y económicas sufren un violento viraje; la realidad se despoja de su naturaleza inmutable para volverse dúctil, objeto de manipulaciones y mudanzas. Pero también, y aquí está el revés de la trama, hay en él un atribulado sentimiento de desamparo. Las viejas seguridades se derrumban como gigantes de barro; el orden medieval, que extrajo su fuerza de una confianza ciega en las jerarquías, se enfrenta de pronto a las ideas que celebran la movilidad y el cambio. Lo que estaba arriba se precipita en caída libre, lo que estaba abajo adquiere dignidad y prestancia. Así pues, más que una ruptura violenta, el Renacimiento debe juzgarse como una época de transición: la agonía convivió con el nacimiento, muerte y vida compartieron créditos en el escenario.

No podemos negar que ríos subterráneos corrieron de la Edad Media al Renacimiento. O, mejor dicho, no podemos negar que ya desde su otoño la Edad Media prefiguraba el Renacimiento. La misma pasión por los clásicos de la Antigüedad, la misma curiosidad por las ciencias naturales, el mismo alejamiento de las certezas religiosas, el mismo orgullo profano se advierten en una y otro. La novedad del Renacimiento estuvo en su capacidad para tomar conciencia de la historia y del tiempo. Sus contemporáneos *sabían* que a partir de ahí ya nada sería igual; *sabían* que todo aquello que los había precedido no volvería a tener una segunda oportunidad.

18

¿LA MAGIA PERTENECE
A LA HISTORIA DE LA CULTURA?

El año 1453 marca la conquista de Constantinopla, capital de Bizancio, a manos del imperio otomano. Aparte de observar la caída del baluarte de la cristiandad en una zona estratégica de Asia, el Occidente europeo pudo constatar el empuje de un Estado musulmán dispuesto a seguir expandiéndose. La caída de Constantinopla también tuvo un efecto cultural de largo alcance. En virtud de sus contactos con el Islam, Bizancio se convirtió en depositario de la tradición filosófica griega, hasta entonces una zona casi inexplorada. Los manuscritos viajaron de Constantinopla a Florencia, desde donde irradiaron su influjo embriagador.

De entre todos ellos, pocos despertaron tanta curiosidad como los *Diálogos* de Platón y el *Corpus Hermeticum,* que algunos atribuyeron a Hermes Trimegisto, un mítico sabio egipcio que, según la opinión de los florentinos, personificaba una antigua sabiduría contemporánea de Moisés. La mezcla de neoplatonismo, alquimia, cábala judía y astrología produjo una suma de conocimientos que los historiadores de hoy bautizaron con el nombre de "filosofía oculta". Uno de sus fundamentos apuntaba hacia la concepción del hombre como artífice de los cambios que experimenta la realidad, es decir, como mago. Marsilio Ficino, Pico de la Mirandolla, Cornelio Agripa, Roger Bacon, Giordano Bruno desarrollaron esta intuición hasta sentar las bases del desarrollo científico.

¿A qué clase de magia nos referimos? No a la que invoca a las potencias y a los espíritus diabólicos, reprobada por Bacon, ni a la que busca la intervención de fuerzas ominosas que se manifiestan de manera elemental, sino al lado práctico del estudio de la naturaleza. Valiéndose de la certeza de que cada elemento en el universo guarda una relación entre sí, el mago dirige su conocimiento a trastocar, subvertir y zarandear a un mundo marcado por la rigidez y la inmovilidad. Así llegamos a la noción del hombre como amo y señor de todo lo que le rodea, que impone su dominio a las demás criaturas, aun a costa de ser acusado de querer competir con la divinidad.

A caballo entre la superstición y la racionalidad, entre el despegue científico y la crisis religiosa, el núcleo mágico de la filosofía oculta del Renacimiento inauguró el nuevo camino del saber humano, dirigido a plantear y resolver enigmas, no a contemplarlos.

19

¿QUÉ HIZO POSIBLE LA DIFUSIÓN
DEL CONOCIMIENTO?

Recordemos los libros de gran formato que la iglesia católica comenzó a elaborar hacia el siglo v, voluminosa y pesadamente abiertos sobre un atril que ocupaba el centro del coro; estaban destinados a un público comunitario y la sola idea de cambiarlos de sitio hacía pensar en máquinas de carga o en la fuerza de dos hombres. O recordemos el hermoso ejemplar que Ana de Bretaña recibió el día de su boda, en 1490, y que cabía en la palma de su mano. Unos y otro compartían algo en común: fueron producidos de manera artesanal, un proceso por el cual adquirían un carácter único e irrepetible. Otra cosa: aquellos que poseían dibujos a toda página e increíbles miniaturas no podían concebirse sin la intervención de un dibujante diestro y meticuloso. La hechura de tales prodigios debió llevarse mucho tiempo.

Pocas novedades tecnológicas han influido tanto en el modo que tenemos de pensar la cultura como la invención de la imprenta. Occidente fue sacudido por una especie de temblor de nueve grados en la escala de Richter. El crédito, por supuesto, le pertenece por entero a Johannes Gutenberg, un joven grabador y tallista de piedras preciosas que allá por 1450, tras acumular deudas y fracasos, ideó un sistema de impresión a base de tipos móviles. Y no sólo eso: experimentó hasta modificar la calidad del papel y fabricar una tinta a base de grasa. La invención de Gutenberg significó no sólo un tributo a la velocidad, al bajo costo y a la manufactura en serie. Significó, sobre todo, la popularización del conocimiento. Las grandes tiradas facilitaron el crecimiento espectacular del público lector. El libro se convirtió en objeto personal (no sería justo decir que al alcance de todos pues la instrucción era privilegio de unos cuantos) y portátil. Así prosperó también la lectura en privado.

Sabemos que una Biblia con cuarenta y dos líneas por página fue la primera estrella en la galaxia de Gutenberg. Para 1489, el virus había infectado a la mitad de Europa. El historiador Jacques Barzun refiere que "al llegar el primer año del siglo XVI se habían impreso cuarenta mil ediciones distintas de cualquier tipo de obras; aproximadamente nueve millones de ejemplares salidos de más de cien imprentas".

20

¿CUÁNTOS TERRITORIOS EXPLORÓ LA INTELIGENCIA DE LEONARDO DA VINCI?

A fines del siglo XV, Florencia ostentaba el título de capital de la cultura europea. Ideas de todos los calibres y tendencias circulaban con entera libertad, incluso aquellas que movían a la duda o al escándalo. El interés de los círculos más refinados se complacía lo mismo con problemas de lógica o matemáticas que con el movimiento de los meteoros, el método experimental o la observación aplicada al estudio de la anatomía humana. Médicos, juristas, filólogos, astrólogos, filósofos, nigromantes, soñadores formaban una comunidad cerrada en la que el intercambio de conocimientos y opiniones estaban a la orden del día. Era la ciudad-sol de los Médicis, donde los banqueros citaban a Dante de memoria y mimaban y protegían a los artistas.

Leonardo habría de formarse en ese ambiente cosmopolita, bajo la tutela del pintor y escultor Andrea Verrocchio. En su taller aprendió los secretos de la perspectiva, el lenguaje de los colores, las leyes de la óptica, la técnica de trabajar y fundir los metales. El futuro pintor no se conformó con tan poco. Gracias a sus apuntes y libros de notas, sabemos que Leonardo movilizó su curiosidad en todas direcciones. Cuantas más zonas del saber exploraba, más irrefrenable era su hambre de conocimiento. Siguen despertando admiración sus trabajos en los campos de la hidráulica, la mecánica, la botánica, la meteorología, la música, la oceanografía e incluso la ingeniería militar. Ahí quedan sus caprichosas máquinas e invenciones, desde el paracaídas hasta la cadena para transmisiones, como pruebas de su extrema fascinación por los asombros científicos. Pero Leonardo, a pesar de los esfuerzos de sus admiradores por convertirlo en uno de los pioneros del desarrollo tecnológico, está en otra parte.

En la pintura, por supuesto. Hay motivos para creer que sus exploraciones de la naturaleza se encaminaron sobre todo a la comprensión del mundo visible y al perfeccionamiento de su arte. Aunque la mayoría de sus obras quedaron inconclusas, es posible advertir en ellas la impronta del genio. Pensemos, si no, en *La última cena* y la *Mona Lisa,* dos de sus cumbres pictóricas. La primera, que cubre una de las paredes del monasterio de Santa María de la Gracia de Milán, posee tal fuerza dramática, tal variedad en el movimiento y tal penetración psicológica que la perfección en la armonía y en el dibujo parecen dones naturales. La segunda es un tesoro de ambigüedad y extrañamiento. ¿La mujer ríe o nos interroga con pesar? ¿Por qué se niega a revelar su misterio? "La pintura es una poesía muda, y la poesía es una pintura ciega, y tanto una como otra imitan a la naturaleza en la medida de sus posibilidades", escribió Leonardo ante la urgencia de darle sentido a sus trabajos. En ese dictamen palpita todavía hoy la ambición del gran arte.

21

¿CUÁL FUE LA OBRA CUMBRE
DE MIGUEL ÁNGEL?

Una leyenda refiere que, una vez concluido el *David*, Miguel Ángel fue presa de un furor tiránico e increpó a la estatua diciéndole: "¡habla, habla!" Otra lo confronta un día con Leonardo, a quien le echa en cara su incapacidad para concluir lo que inicia. Alguna más lo retrata contemplando las montañas de Carrara y manifestando a los cuatro vientos el deseo loco de esculpirlas a imagen y semejanza de un tremendo coloso. Si algo dejan esos chispazos biográficos al descubierto no es el carácter explosivo que gobernó de principio a fin la andadura de Miguel Ángel, sino el ardor con el que intentó capturar la inquieta energía de la vida.

No cumplía aún treinta años y ya había esculpido *El combate de los centauros y los lapitas,* el *Baco ebrio,* el *Cupido,* el *Adonis moribundo* y la *Piedad.* Ni siquiera había llamado a su puerta el reconocimiento y ya se dejaba mecer por la tristeza y la melancolía. Sí, había hecho hablar al mármol pero también padecía la envidia de sus enemigos, que eran muchos.

Mayo de 1508: tras una serie de encuentros y desencuentros con el papa Julio II, a quien sirve desde hace tres años, Miguel Ángel recibe la encomienda de pintar la bóveda de la Capilla Sixtina. Aquello estaba muy lejos de sus dominios. No obstante, y luego de fatigosas cavilaciones, toma la oferta y expande su radio de acción: pintará la bóveda y, por qué no, también los muros. "Estoy en un gran abatimiento de espíritu", confesó por entonces. "Desde hace doce años arrastro una vida miserable por toda Italia". Sus hermanos lo exprimen como sanguijuelas y el papa no deja de abatir su impaciencia sobre sus hombros. Miguel Ángel trabajó prácticamente solo, y estimulado por un duro anhelo de perfección, entre ataques de abatimiento y de euforia creadora. El 2 de noviembre de 1512, Miguel Ángel deshizo el andamiaje y expuso su portento a un público cuyos sentimientos oscilaban del pasmo a la envidia. "Esta festividad brillante, y al mismo tiempo sombría, por los reflejos que recibe del Día de Muertos", escribió el novelista y biógrafo francés Romain Rolland, "era bien apropiada para la inauguración de esta obra terrible, llena del espíritu del dios que crea y que mata, dios devorador, por donde se precipita toda fuerza de vivir, como un huracán".

22

¿EN QUÉ LUGAR DEL MAPA ESTÁ UTOPÍA?

"En otros sitios se habla del bien público, pero se atiende más al particular. En Utopía, en cambio, como no existe nada privado, se mira únicamente a la común utilidad". La descripción proviene de la imaginación incendiaria de Tomás Moro, quien murió decapitado en julio de 1535 mientras Enrique VIII, su amigo, su juez, su soberano, disputaba una partida de ajedrez. Utopía, dice Moro, "es una bagatela literaria que, casi sin darme cuenta, se escapó de mi pluma"; también es una isla fabulosa, o, mejor dicho, un no lugar: en latín se traduce como Nusquama-Ninguna Parte. *Utopía* apareció en 1515, al tiempo que Lutero dirigía sus ataques contra la iglesia católica y el humanismo europeo sumaba incondicionales. En Inglaterra vio la luz en forma completa hasta 1550: sus juicios sobre los males sociales y económicos que crecían a sus anchas despertaron la cólera de más de un ministro.

Utopía le debe mucho a los relatos de los viajeros portugueses y españoles y a la sospecha general de que en el Nuevo Mundo recién descubierto sobrevivían la pureza y la inocencia anteriores al pecado de Adán. Con igual optimismo que aliento crítico, Moro concibió una sociedad armoniosa, justa y dedicada al trabajo, donde no había sitio para la codicia ni para el principio de guerra. ¿Hace falta subrayar que ese modelo era en realidad un medio y no un fin en sí mismo? Los habitantes de Utopía tenían tan sólo dos preocupaciones a su alcance: en qué consistía la felicidad y cómo podían alcanzarla.

Casi cinco siglos nos separan de la geografía perfecta de Tomás Moro. Tan lejos nos hallamos de sus aspiraciones que empleamos el término "utópico" para referirnos a lo que nos parece quimérico o irrealizable. Descreemos de las utopías pero hubo tiempos en que los filósofos y escritores tuvieron ánimo para crear el arquetipo de una sociedad feliz. Aventuremos una lista somera: Tomaso Campanella, Francis Bacon, Cyrano de Bergerac y François Rabelais en el siglo XVII; Jonathan Swift y Rétif de La Bretonne en el siglo XVIII; Saint-Simon, Robert Owen, Charles Fourier, Jules Verne y Pierre Joseph Proudhon en el siglo XIX; Aldous Huxley, H. G. Wells y George Orwell en el siglo XX.

23

¿ERASMO FUE UN PRECURSOR
DE LA REFORMA RELIGIOSA DE LUTERO?

Desdeñó la ignorancia, censuró la holgazanería de los monjes, influyó en las decisiones de los poderosos, cultivó toda disciplina a su alcance, leyó a los clásicos griegos y latinos con la misma pasión que a las Sagradas Escrituras, escribió miles de páginas hasta convencerse de que podía ganarse el pan arrastrando la pluma, y, sobre todo, descubrió que la ironía era no sólo un estilo sino también un método de conocimiento. Fue uno de los grandes modelos del humanismo renacentista y, según sus propias palabras, "hombre de pocos amigos".

Como muchos de sus contemporáneos, alentó el deseo de presenciar el advenimiento de una nueva edad de oro, empañado por el triste espectáculo de la guerra. A pesar de que consagró buena parte de su obra a la unión de los príncipes de Europa y a la firma de una paz duradera, su inteligencia risueña, en ocasiones víctima del desengaño, brilló con luz propia en el *Elogio de la locura,* una sátira social publicada en 1511 que intenta explicar, por boca misma de la locura, por qué la humanidad entera desconfía del sentido común. Esta sutil paradoja (¡la locura convertida en abogado defensor de la razón!) irradiaba humor y frescura pero no estaba dispuesta a pasar por alto los abusos de la jerarquía católica. En tal sentido, las aspiraciones reformistas de Erasmo se asocian, con singular alegría, a las de Lutero. Algo hay de eso. El caso, sin embargo, es que mientras aquél mantuvo sus críticas dentro de la esfera institucional, éste protagonizó una verdadera revolución de las conciencias.

En Erasmo el ideal de una prosa elegante y un pensamiento capaz de dirigirse en cualquier dirección encuentra una de sus expresiones más refinadas. Que a los teólogos les haya sonado anticlerical no significa que careciera de espíritu religioso. No es casual que su llamado a conservar y al mismo tiempo renovar los fundamentos de la doctrina cristiana hallaran eco en las resoluciones del Concilio Vaticano II celebrado entre 1962 y 1965 bajo el papado de Juan XXIII.

24

¿QUÉ MAESTRO RENACENTISTA
PERFECCIONÓ LA TÉCNICA DEL RETRATO?

No tuvo la erudición de Leonardo, ni la personalidad influyente de Miguel Ángel. Atractivo no fue, tampoco muy versátil. Pero fue, sin asomo de duda, un mago del retrato. Mandaba en Venecia y en la corte de Carlos V. Su pincel caía al suelo y los soberanos se inclinaban para recogerlo. Nadie la hizo sombra, nadie poseyó tanta conciencia de sus fortalezas como él.

Tiziano Vecellio nació entre 1488 y 1490. De Giorgione, hoy desconocido y del que sólo conocemos cinco obras sin tacha, aprendió que el color podía modularse mediante la luz, liberándolo así de toda sujeción al dibujo; y también a presentar lo natural y lo humano como un conjunto y no, según las reglas, como dos componentes aislados. Lo demás se debió a méritos propios, es decir, el equilibrio entre sentimiento y razón, la amplitud cromática, la sobriedad clásica.

Señalamos que Tiziano fue un magnífico retratista. Ludovico Dolce, uno de sus contemporáneos, consignó en

1557 que, "siendo él consciente de su propia valía, siempre ha considerado sus pinturas como algo muy preciado y se ha dedicado a pintar sólo a grandes hombres y a personas que pudieran reconocérselo con dignas recompensas". Además de que optó por la sencillez a contracorriente del minucioso modelado que recomendaba la escuela tradicional, Tiziano sacrificó las reglas vigentes de composición en aras de la penetración psicológica. Los protagonistas de sus retratos aparecen caracterizados en sus aspectos físicos y –esto es lo más relevante– morales. La mirada del caballero que posó para el *Retrato de un desconocido,* colgado en el Palacio Pitti de Florencia y elaborado hacia 1540, trasunta melancolía, intensidad espiritual. No menos penetrantes son el *Retrato de gentilhombre, El hombre del guante* y el *Carlos V con el perro.* Parecen meditaciones sobre la condición humana, que niegan toda trascendencia y celebran el aquí y el ahora.

La fama y el trato con reyes y altos dignatarios no hicieron mella en Tiziano. Modesto, ingenioso, conversador diestro, de carácter afable y dulce, no escatimó nunca un elogio para los pintores de su época, a pesar de que estuvieran prisioneros en moldes ya caducos.

25

¿POR QUÉ MICHEL DE MONTAIGNE ES UNA DE LAS FIGURAS MÁS IMPORTANTES DEL RENACIMIENTO?

¿Qué es filosofar?, se pregunta Montaigne a cada tramo de ese libro inaugural y abierto al futuro que bautizó con el nombre juguetón de *Ensayos*. Es aprender a vivir. No tiene ya nada que ver, como sostenían los pensadores medievales, con ayudar a bien morir o con identificar las categorías del espíritu. Hacer filosofía no sería tanto una búsqueda de la verdad absoluta como un proyecto de vida. Reflexionamos sobre nosotros y el mundo y en esa tarea nuestro propio yo se muestra ondulante y diverso.

¿En qué radica la novedad de Montaigne? Para empezar, digamos que hasta antes de él la conciencia de uno mismo prefería mantenerse a la sombra que someterse al juicio y al escrutinio de los lectores. El yo seguía siendo una zona vedada. Montaigne se saltó las trancas. Basta leer las primeras páginas de sus *Ensayos* para descubrir que los temas ahí tratados sólo se justifican en la medida en que son proyecciones de sí mismo. Montaigne desliza opiniones, caprichos, deleites, fobias y emociones entre el curso natural de sus reflexiones acerca de la experiencia, la educación, la crueldad, el miedo, la ociosidad, el comercio e incluso el canibalismo, los gatos y el arte de la conversación. No procede autobiográficamente porque le interesan también la historia antigua y los cataclismos políticos de su tiempo, pero sí hace lo posible por mostrarse a corazón abierto. ¿Un egocéntrico? Claro que no. Un hombre que disfrutó y compartió la obligación de conocerse.

Algunos críticos descuidados han reparado que en los *Ensayos* sobresale la imagen de un escéptico, que Montaigne levantaba un argumento sólido para después echarlo por los suelos. Olvidan que Montaigne se *iba haciendo* mientras escribía su libro. Ya que poseía una inteligencia multimodal, se complacía ofreciendo el mayor número de perspectivas posibles. Quizá por ello continuamos celebrando su elogio de la tolerancia y de la convivencia pacífica, y su condena a cualquier forma de represión violenta.

Murió en 1592, satisfecho y sereno, en su castillo de Burdeos.

¿EN QUÉ CONDICIONES LLEGÓ ESPAÑA
AL SIGLO DE ORO?

Vista de Madrid hacia 1540: las calles son un amasijo de barro y basura por donde los cerdos alborotan libremente; las miserables casas de adobe se mantienen en pie de milagro; hay pocos árboles, menos agua y suelos pobres; tiene tres mil habitantes y cuenta con malas vías de acceso. Los viajeros gustaban describirlo mediante la fórmula siguiente: "Nueve meses de invierno y tres de infierno". Porque la gota y quizá la malaria lo urgían a cambiar de aires, Carlos V trasladó su corte a ese pueblo llano. No fue una decisión política. Aquel año, el soberano en cuyo imperio jamás se ponía el sol pensó únicamente en restablecer su salud.

La "invención" de Madrid coincidió con el Siglo de Oro de la civilización española, un periodo que no surgió por generación espontánea. Lo prefiguraron la madurez expresiva de la lengua castellana, el impulso renovador de la universidad de Salamanca y el humanismo reformista de Juan de Valdés. Aunque la historia nunca puede establecer límites tajantes, podemos aventurar que el Siglo de Oro fue de 1540 a 1661, cuando Felipe IV, luego de un incidente diplomático, se amilanó frente a las amenazas del rey francés Luis XIV. Una y otra fecha señalan respectivamente la consolidación de un imperio continental y luego el comienzo de su declive a manos de la corrupción, la incompetencia administrativa y la desmesura financiera.

Fue la edad de los místicos santa Teresa y san Juan de la Cruz; de los poetas Fray Luis de León, Francisco de Quevedo y Luis de Góngora; de los dramaturgos Tirso de Molina, Lope de Vega y Pedro Calderón de la Barca; del novelista Miguel de Cervantes; de los pensadores Pedro de Vitoria y Francisco Suárez; del moralista Baltasar Gracián; de los pintores El Greco, Diego Velázquez, Francisco de Zurbarán y Bartolomé Murillo. Al contrario de España, que durante siglos paseó su altivez como un rico venido a menos, esa edad conoció un glorioso renacimiento. A fines del siglo XIX, la Generación del 98 volteó hacia ella, destiló su esencia, para reanimar su presente sin signos de vida.

¿QUÉ OTRO LOPE AYUDÓ A TRAZAR
EL CAMINO TEATRAL DE LOPE DE VEGA?

Todavía hacia 1550 España desconocía a los comediantes profesionales. Para entonces, su teatro, vacunado contra la afectada admiración de los italianos por la antigüedad clásica y refractario a las piruetas técnicas de los franceses, seguía atendiendo los reclamos populares, muy ocupados en repeler los embates de la reforma luterana y en jurar fidelidad eterna al rey. Las primeras compañías actorales en toda regla aparecieron bajo los auspicios de Lope de Rueda y Jorge de Montemayor. Estaban conformadas por músicos ambulantes que prestaban sus servicios al mejor postor y una cantadora que a veces interpretaba números de baile. Viajaban sin rumbo fijo, dejándose llevar por algún presentimiento propicio. Tras sobrevivir a las trampas sembradas en el camino —el clima, el hambre, las bandas de asaltantes—, ocupaban el corral de un mesón. Montaban la escenografía con una manta vieja, tirada con dos cordeles, detrás de la cual un grupo de juglares cantaba *a cappella* un viejo romance. El sol podía caer a plomo, lo mismo que la lluvia o el frío. Ni siquiera existía la certeza de que el público respondiera con unas cuantas monedas. Lo único cierto era que el teatro vivía de su contacto físico y emocional con el pueblo. De esta manera, Lope de Rueda pudo familiarizarse con ciertos caracteres sin los cuales habría sido difícil completar el elenco de las comedias del Siglo de Oro español: el pícaro, el criado inoportuno, el médico, la gitana, el estudiante con arrestos de galán y flojo.

Lope de Vega asaltó la escena luego de que el otro Lope había puesto la mesa. Entre 1580 y 1635, dicen los más entusiastas, escribió 1500 comedias, de las cuales sobrevivieron poco menos de un tercio. Hay que guardar un minuto de silencio cada vez que enlistamos los distintos géneros de comedia en que participó: histórica, religiosa, mitológica, pastoril, amorosa, de intriga, de costumbres, de capa y espada…, de *Fuenteovejuna* a *La boba para los otros y discreta para sí.* Eso sin contar su obra poética, que "dejaba oscuro el borrador y el verso claro" (*"creer sospechas y negar verdades, / es lo que llaman en el mundo ausencia, / fuego en el alma y en la vida infierno"*). Cervantes lo llamó "un monstruo de la naturaleza". La España de su tiempo lo encumbró con aplausos, un alimento terrenal que siempre debe de estar en el menú del artista.

28

¿CUÁNTAS LECTURAS ADMITE EL *QUIJOTE?*

Conocemos el argumento caballeresco de la novela *El inge-nioso hidalgo don Quijote de la Mancha,* de Miguel de Cer-vantes, publicada en 1605: don Quijote abandona su aldea y parte a recorrer los campos de La Mancha en compañía de Sancho Panza, un campesino a quien toma como escudero bajo la promesa de nombrarlo gobernador de una ínsula. Don Quijote no admite otra realidad que la de los libros, así que da por cierto cuanto hay en ellos. Si el sentido común sólo reconoce a unos molinos de viento, su locura le dicta que está ante la presencia de gigantes. El mundo, sugiere cada vez que yace molido a palos, no es lo que parece ser.

Cervantes inventó el género consentido de los tiempos modernos: la novela. Cuando el sólido edificio medieval se derrumbó y cedió paso a la inquietud, ésta apareció como tesoro de ambigüedad y heraldo del principio literario de incertidumbre. Si hoy goza de cabal salud, habría que responsabilizar de ello a la herencia cervantina que aún co-rre por sus venas.

¿Cómo leer el *Quijote?* El escritor español Miguel de Unamuno ha dicho que las andanzas de don Quijote no representan otra cosa que el anhelo de sobrevivencia, "fuente de las más extravagantes locuras y de los actos más heroicos". Burlar a la muerte: sus desvaríos nacen de este propósito desmedido. Mientras tiene aliento para oponerse a la realidad, Don Quijote es capaz de encarnar el sentimiento trágico de la vida. Pero una vez que recupera la razón y acepta las cosas tal como son, se declara dispuesto a morir.

El escritor checo Milan Kundera arriesga una interpretación distinta. Junto con el filósofo francés René Descartes, Cervantes es el creador de la edad moderna. En sus manos el género novelesco se propuso escudriñar "la vida concreta del hombre" y descubrir aquellas regiones de su existencia que hasta entonces permanecían veladas. La pasión de conocer, agrega, "es la única moral de la novela". ¿Y qué descubre? Que en el mundo no hay una verdad absoluta sino un amplio catálogo de verdades relativas. Sólo nos queda una fuente de sabiduría: la de lo incierto.

Somos hijos del *Quijote*, escribió el novelista mexicano Carlos Fuentes. Somos lo que nuestra imaginación desea. Corresponde a cada uno de nosotros ponerle rostro y circunstancia a nuestro deseo, como don Quijote, que quiso creer que la buena de Aldonza Lorenzo, una humilde campesina, era "la más alta princesa de la tierra".

¿QUÉ QUIEREN DECIRNOS *LAS MENINAS* DE VELÁZQUEZ?

Aunque azotada por el fantasma de la ruina económica, por una tenaz crisis demográfica y el debilitamiento del poder central, la España del siglo XVII ostentaba aún algo de la superioridad ganada al colonizar América. Se comportaba con nobleza, a pesar de que Felipe III, Felipe IV y Carlos II coleccionaban mediocridades, aconsejados por una caterva de ineptos. España tenía la dignidad del rico en desgracia, pero por sus venas corría el virus de la decadencia. Era la España de Diego Velázquez, pintor al servicio de la familia real, a la que retrató con el celo de un naturalista.

Velázquez, el retratista de nobles; Velázquez, el retratista de hilanderas, artesanos, campesinos, mendigos y borrachos que departen con Baco y Apolo, supo capturar el pulso de esa España capaz de alojar lo alto y lo bajo, la grandeza y la miseria, lo sublime y lo vulgar. ¿Cómo no producir una pintura en la que sólo hay espacio para la inquietud? ¿Cómo sustraerse a los signos de la crisis?

Un estudioso del Barroco dice que Velázquez creó en primera persona. Su iniciativa artística tradujo la experiencia sensorial en experiencia interior. No pintó lo que vio; pintó la corriente subterránea que permanece oculta a los ojos. En una de las salas del Museo del Prado de Madrid aguardan *Las Meninas,* realizadas en 1656, cuatro años antes de la muerte de Velázquez. Diez figuras ocupan el espacio. Una de ellas representa al mismo Velázquez pintando el cuadro ante el cual podríamos estar parados. Al fondo, un espejo devuelve la imagen de los padres de la infanta que aparece en primer plano. Las pinceladas, "manchas distantes", como describió Quevedo, transmiten la práctica de lo inacabado… y no por casualidad. El arte de Velázquez necesita la participación del espectador. ¿O qué exigen las figuras de *Las Meninas* que clavan su mirada en nosotros?: ser cómplices, sumarnos a su factura, concluirlas. Bienvenidos al mundo de las apariencias, en el que no debemos dar nada por sentado. De otro modo, ¿el cuadro es la tela colgada o los espectadores que creen presenciarla? Este procedimiento, sorprendente cuando se juzga en perspectiva, corresponde a uno de los laboriosos descubrimientos del Barroco. Que somos provisionales, que aguardamos a quienes darán el último toque son conceptos que trascienden la mera técnica del retrato. En cuanto abandonamos el Museo del Prado sabemos que el acto de ver se equipara al de crear.

¿A QUÉ NOS REFERIMOS CUANDO UTILIZAMOS EL TÉRMINO "BARROCO"?

Cada vez que escuchamos el término "barroco" solemos proyectar visiones arquitectónicas de una exuberancia sospechosamente tropical, poemas cargados de metáforas que creemos inexpugnables o costumbres que se presentan atiborradas de elementos, muy atareadas en acumular motivos de ornato. Desde esta óptica, el estilo barroco es un sinónimo de inmoderación. Algo hay de eso. Lo malo con tal enfoque es que cae bajo el hechizo de los árboles y no del bosque.

No conviene de igual modo asociarlo a una época –los tres primeros cuartos del siglo XVII–. España, por ejemplo, caminaba en sentido contrario a Inglaterra y los Países Bajos. Es mejor el tratamiento de concepto histórico. En efecto, el Barroco (ahora sí, con mayúsculas) siguió y corrigió, sin darle la espalda, al Renacimiento, animado por una conciencia de crisis de las instituciones económicas, sociales y políticas, y se expresó mediante la desconfianza a la idea de que el hombre avanzaba sin obstáculos hacia la perfección material y espiritual.

Frente a los aires de cambio, el Barroco impuso la obligación de preservar un modelo de sociedad que operara según modelos tradicionales. La novedad era una amenaza a la mentalidad establecida. ¿Conservadurismo? Por supuesto. El poeta y dramaturgo español Pedro Calderón de la Barca sintetizó esta ideología en los versos siguientes: *"¿Pero que firme Estado / al paso que otro crece, no declina?"* Ya que todo es mudanza, conviene mantener el orden. Pero qué orden. El monárquico. En tal sentido, el arte barroco servía a una doctrina única, dirigida y controlada por el poder.

Además del hecho esencial del hombre como criatura insegura y flotante, el Barroco cultivó una imagen pesimista del mundo. "La vida del hombre es guerra consigo mismo", dijo el poeta español Francisco de Quevedo. "¿Qué quiere usted que sea el mundo más de trabajos, sustos y aflicciones?", se preguntó un sabio de la época. Por donde se mire, no hay otro espectáculo que el de la inseguridad. Es verosímil aventurar que tal concepción escondía bajo la manga un objetivo psicológico: si la condición humana pecaba de fragilidad y falta de dirección, se hacía necesario dirigirla, dominarla, controlarla. Dicho de otra manera, el Barroco fue una circunstancia a la que el arte sirvió como los empleados sirven a sus jefes.

31

¿A QUIÉN DEBEMOS ATRIBUIRLE
EL NACIMIENTO DE LA ÓPERA?

Al despuntar el siglo XVII Venecia conservaba aún el porte extrovertido y galante que décadas atrás le ayudó a establecerse como la capital europea del lujo. Seguía siendo la mayor proveedora de porcelana de Damasco, vinos de Chipre, sedas y muselinas de Irak, piedras preciosas, especies y perfumes de Oriente. La geografía no dejaba de ser desprendida con ella. Generosamente laica y multirracial, Venecia gozaba de una paz añeja y un gobierno que promovía la tolerancia política y religiosa.

Hemos dado en creer que la ópera nació en Florencia sólo porque de ahí provienen algunas muestras famosas. Pues no, nació en Venecia, patria musical de Claudio Monteverdi quien, luego del estreno de *Orfeo,* en 1607, fue nombrado maestro del coro de la iglesia de San Marcos. Ahí habría de configurar la personalidad del nuevo género. Pero ¿cuál? Los maestros florentinos promovieron el recitado libre, apenas interrumpido por unas débiles apariciones musicales. Aquello era en realidad una pieza teatral de tonos cortesanos a la que el coro y la orquesta se sumaban como comparsas. Monteverdi supo que la música podía contener efectos emocionales de los que era deseable extraer una poderosa fuerza dramática. Restó protagonismo al coro, encumbró a las sopranos y contraltos, y diseñó una orquesta sin percusiones, muchos violines y escasos alientos.

A *Orfeo* le siguieron dieciocho óperas (la palabra proviene del término latín *opera*, con el que los romanos designaban al trabajo placentero), doce de las cuales se han perdido. Ahí quedan, llamativamente inaugurales, *El retorno de Ulises*, *La coronación de Popea* y *El combate de Tancredo y Clorinda*. Al escucharlas, no deberíamos olvidar que la suntuosidad fue quizá la respuesta que Monteverdi halló para hacerle frente a la muerte de su esposa y de su hijo, y al encarcelamiento de otro en las mazmorras lúgubres de la Inquisición.

32

¿CUÁL FUE EL ENIGMA DE SOR JUANA INÉS?

Dice el poeta y ensayista mexicano Octavio Paz que "el enigma de sor Juana Inés de la Cruz es muchos enigmas: los de la vida y los de la obra". No podemos explicar la obra a partir de la vida; tampoco podemos hacerlo a partir de la historia. Una y otra son universos complementarios. Se despliegan en una sociedad y en una época dadas; por tanto, recogen sus preocupaciones. A su vez, esa sociedad y esa época reciben la influencia de esa vida y esa obra.

Entre sor Juana y su mundo –la Nueva España del siglo XVII– existieron tres contradicciones insalvables, no sólo de naturaleza intelectual sino incluso vital. La primera tuvo que ver con la imposibilidad de conciliar su amor a las letras con su posición religiosa. Tengamos en cuenta que no sólo se consagró a la poesía; también a la filosofía, la astronomía, las ciencias naturales, la música, la historia antigua. No quiso que el estudio de los textos sagrados fuera exclusivo. La segunda contradicción se relacionó con su condición de mujer. Que despertara la admiración de sus contemporáneos no significaba que pudiera evitar la censura y el escándalo. A los altos funcionarios eclesiásticos les incomodaba su pasión por el saber profano. En ella veían al espíritu pecaminoso de la rebeldía. Por último, sor Juana aspiraba a un tipo de conocimiento enciclopédico, ajeno al éxtasis místico y a la contemplación de la grandeza divina. Ese conocimiento era de este mundo y ambicionaba descifrar los secretos de cada ciencia particular. Las tres contradicciones obraron en favor de su derrota. "No quiero líos con la Inquisición", escribió en 1691, poco antes de abjurar de las letras profanas ante su confesor Antonio Núñez de Miranda.

Primero sueño, *El divino Narciso* y unos cuantos poemas eróticos –dice Octavio Paz– pertenecen "no sólo a la literatura de nuestra lengua sino a la de nuestra civilización". Sor Juana escribió mucho. Ejercitó la variedad y penetró los secretos formales de la poesía. Fue una versificadora brillante. ¿Qué cualidades brillan en su obra? ¿La nitidez? ¿El terso fluir de las palabras? ¿La ironía? ¿El exacto dibujo del padecimiento amoroso? ¿El empleo hábil del concepto? ¿La transparencia melancólica de la reflexión? Todos al mismo tiempo y todos por separado. Poeta de triste final, deliberadamente universal, poeta sabia, sor Juana ejemplifica de sobra al artista que ha sufrido el acoso de la ortodoxia burocrática.

33

¿EN QUÉ CONSISTÍA
LA ANGUSTIA METAFÍSICA DE BLAISE PASCAL?

Eso que hoy consideramos, no sin admiración, la prosa clásica francesa carecería de sentido si Blaise Pascal no hubiera escrito, a mediados del siglo XVII, una sola de las notas al vuelo que su familia publicaría póstumamente con el título de *Pensamientos*. El estilo directo, racional, seco y sin embargo elegante de la lengua francesa al servicio de la filosofía o el ensayo es una consecuencia, o un reflejo, de la sabiduría concentrada de Pascal.

Antes de dedicarle unas palabras a su trabajo filosófico, vale apuntar que, en el terreno de la investigación científica, sus experimentos anunciaron la invención del barómetro y de la primera máquina de cálculo. Polifacético Pascal que encima de todo se dio tiempo para los juegos de azar, que lo indujeron a sentar las bases de la teoría de la probabilidad. Polifacético Pascal que tomó la pluma para defender al cristianismo de la retórica incendiaria de los librepensadores.

Justo ahí, en la defensa, juegan sus *Pensamientos*. ¿En qué radica su ejemplaridad? Dos espíritus, dice, compiten por ejercer su influencia sobre nosotros: el de la geometría y el de la finura. O bien: el de la razón y el del corazón y el instinto. Uno se regocija en las abstracciones, el otro en las indefiniciones. Uno avanza en busca de exactitudes, como las matemáticas, el otro en busca de azares y errores, como el amor y el arte. La grandeza humana, tan proclamada por los humanistas del Renacimiento –dice Pascal–, no es sino una carencia dolorosa. O mejor dicho: esa grandeza radica en la conciencia de la miseria de nuestra condición; de ahí la inquietud, la angustia metafísica. Arrojado al vacío, el hombre debe profundizar su desamparo. Y resulta que la razón no puede nada contra eso, pues hay una infinidad de cosas que la exceden. Se trata, como podemos sospechar, del conocimiento de Dios. No hay puentes entre el hombre y Dios; no hay mediadores, sólo la presencia inescrutable del abismo. ¿Qué resta entonces? Conducirse de manera cristiana y esperar a que la gracia divina haga posible el salto brusco.

Lejos de conciliar, el pensamiento de Pascal tiende a exacerbar las contradicciones. "El silencio eterno de esos espacios infinitos me aterra", escribió llevado por eso que los existencialistas del siglo XX definirían como la nada, la náusea o el absurdo.

34

¿A QUÉ HACE BURLA EL TEATRO DE MOLIÈRE?

Destinada al gran público, inspirada en tipos arraigados en la vida misma, mordaz frente a los excesos y los vicios de carácter, la comedia es el vehículo consentido de la risa y la crítica social. Como goza al exponer la propensión al ridículo de la condición humana, muchos incluso se han servido de ella para transmitir enseñanzas morales. Reímos de nosotros mismos y mientras tanto corregimos nuestros errores.

En términos generales, Molière respetó cada una de estas convenciones, tan antiguas como el teatro de Aristófanes del siglo v antes de Cristo. Fue un dramaturgo de genuinas intuiciones individuales pero también –y esto hay que tomarlo literalmente– un producto de su época, el reinado en Francia de Luis XIV, encandilada por el refinamiento, el lujo cortesano y la ambición aristocrática de ennoblecer la realidad. Molière es a la comedia lo que Cervantes representa para la novela. La sátira, la representación caricaturesca de las costumbres burguesas, la llaneza de estilo fueron sus armas preferidas. Con ellas disparó contra pedantes, hipócritas, sabihondas, médicos ignorantes, libertinos, envidiosos, tiranas domésticas, galanes de pacotilla. *El enfermo imaginario*, *Las preciosas ridículas*, *Don Juan*, *El misántropo*, *Las mujeres sabias*, *La escuela de maridos*, *El burgués gentil-hombre* continúan formando parte de los programas de las grandes compañías teatrales. Molière escribió para su hoy y ese hoy ya se volvió mañana.

No hay teatro sin público y al que se dirigió Molière estaba conformado por el rey mismo y su corte. El siglo XVII en Francia amó las puestas fastuosas, más porque se identificaba con los grandes espectáculos que por afán de derroche. La magnificencia era quizá uno de los últimos reductos de la aristocracia. Así, magnificentes, fueron las representaciones de las comedias de Molière. Durante quince años la escena parisina gozó y toleró su sarcasmo porque dirigía sus pullas hacia una clase que se asociaba con la inmoderación y el mal gusto, la de los funcionarios medios y los abogados.

Molière, que abrazó de igual modo la profesión de actor desde muy joven, murió en un escenario, víctima de un acceso de tuberculosis que quiso disimular con un ataque de risa. Sus enemigos religiosos, a los que denunció en *Tartufo*, prohibieron, a pesar de la intercesión del rey, que sus restos fueran sepultados según los ritos de la iglesia católica.

35

¿BACH ES COMPARABLE A OTROS MÚSICOS?

Curioso que la mayoría de las obras de Johann Sebastian Bach hayan sido concebidas para interpretarse tan sólo una o dos veces. Curioso que él mismo no hubiera tenido el cuidado de imprimirlas o volverlas a tocar. Una vez que terminaba de componerlas, siempre rodeado de hijos, parientes y amigos, ofrecía un concierto en la Escuela de Santo Tomás de Leipzig, donde ocupó por años el puesto de jefe de música y educación, se sentaba frente al órgano, que dominaba como pocos... y a otra cosa. Curioso que un músico tan extraordinario, monumental y sutil, haya desdeñado con tanto celo la fama pública y la gloria.

No hay mucho que decir de la vida de Bach. Careció de cumbres y abismos climáticos, de triunfos rotundos y públicos incondicionales, como la de Händel o la de Mozart. Tuvo, eso sí, reveses privados que sin embargo no mermaron jamás su fe religiosa ni la confianza en sus semejantes. Quedó huérfano cuando era todavía un niño; vio morir a su primera esposa y a diez de sus veinte hijos. Por lo demás, fue un músico bajo contrato en las cortes de

Weimar y Anhalt-Köthen, en la Iglesia Nueva de Arnstadt y en la iglesia de San Blas de Mülhausen, hasta que en 1723, a la edad de treinta y ocho, se instaló definitivamente en Leipzig.

El gusto unánime –salvo el del siglo XVIII– no ha dudado en atribuirle a Bach la estatura artística de un gigante. ¿Qué razones se aducen? Desde el siglo XIII la música occidental se había contentado con agregar una línea melódica a la vez o superponer dos ritmos distintos para alcanzar una canción o melodía a dos voces. Con Bach esta estructura sencilla saltó por los aires. No sólo dotó a cada parte de hermosura e independencia; también, y aún más notable, pudo entrelazarlas, creando un efecto de conjunto integral y armonioso. La idea ya existía en estado germinal, pero se necesitaba un músico de la erudición y la habilidad de Bach para llevarla a cabo. Escuchemos, por ejemplo, *La pasión según San Mateo*. Cada una de las voces tiene personalidad por derecho propio. Pero *son* en función de las demás; son, a la vez, un todo que anuda las imágenes arquetípicas del éxtasis religioso, el dolor, el sufrimiento y la resignación.

En Bach tenemos a un compositor capaz de moldear sus materiales a su antojo: podía tomar de la tradición popular un tema sencillo y someterlo a muy complicadas variaciones, sacudirlo, voltearlo de cabeza, obligarlo a progresar de atrás para adelante. Y tenemos a un virtuoso de la técnica que conocía los humores de cualquier instrumento: podía elevar el órgano por encima de la orquesta o someter a los intérpretes a duras pruebas de ejecución.

Su consagración no vino sino hasta 1829, casi tres cuartos de siglo después de su muerte, cuando Félix Mendelssohn desempolvó e interpretó admirablemente *La pasión según San Mateo*. En adelante, nadie se atrevería a componer sin antes subirse a los hombros de Bach.

36

¿EN CUÁNTO TIEMPO COMPUSO
HÄNDEL *EL MESÍAS*?

Una tarde de abril de 1737, Georg Friedrich Händel, "el inglés", se desplomó pesadamente una vez que entró a su casa de Brookstreet, en el barrio londinense de Grosvenor Square. Tenía cincuenta y dos años y había trabajado como un burro. El médico diagnosticó en frío: apoplejía. Händel podía cerrar los párpados cada vez que la música tocaba sus oídos, podía musitar unas cuantas palabras y mover los dedos de sus manos como un enfermo carente de optimismo… y hasta ahí. En contra de la opinión especializada, se dedicó a tomar baños termales a la medida de un caballo de carreras: nueve horas a merced del calor y muchos deseos de vivir. Resucitó en pocos meses, dueño de su voluntad.

Los cuatro años siguientes estuvieron marcados por la penuria económica y el hartazgo creativo. El público le había dado la espalda y los acreedores llamaban insistentemente a su puerta. Dejó entonces de componer óperas y se volcó sobre la música coral. Ya antes, algunos oratorios, basados en pasajes del Antiguo Testamento, habían tenido gran éxito en Irlanda. Fue en agosto de 1741 cuando salió de su marasmo y su suerte dio un giro radical. A sus manos había llegado un texto de Jennens, un poeta menor que había colaborado con él en la manufactura de *Saulo* e *Israel en Egipto*. Llevaba por título *El Mesías*.

No tenemos un registro pormenorizado de los días trémulos que siguieron a la lectura de ese texto. Sólo sabemos que Händel se encerró en su estudio, presa de una agitación inusual. Apenas probaba alimento y sólo abandonaba su silla para cantar unas estrofas acompañado del clavicordio. Con la energía de un poseso, concluyó su trabajo en tres semanas, un tiempo espectacular si tomamos en cuenta la magnificencia de la obra.

Händel estrenó *El Mesías* el 13 de abril de 1742, en Dublín, ante 700 personas. Se sentó al órgano y, dicen, incluso cantó con el coro.

37

¿QUÉ HOMBRE DE LETRAS ESTUVO DETRÁS DE LA *ENCICLOPEDIA?*

Hay proyectos culturales que concentran el espíritu de una época y a los que juzgamos normal asociar con un personaje inspirador, aunque hayan sido el resultado de un esfuerzo colectivo. Es el caso de la *Enciclopedia.* ¿Habría sido la glorificación del conocimiento que fue desde un principio si Denis Diderot no hubiera dado la vida por ella?

En aquella Francia de la segunda mitad del siglo XVIII Voltaire cautivó mucho más a sus contemporáneos que el esforzado y camaleónico Diderot, a quien los lectores se acercaron dos siglos después. Camaleónico Diderot: filósofo, dramaturgo, novelista, crítico de arte, cronista de sociales, racionalista como buen hombre de la Ilustración y sentimental como buen romántico del siglo XIX, consejero de la zarina de Rusia, trabajador hasta la chocantería y creador del mayor haragán y cínico de las letras francesas, perseguidor de la verdad y plagiario irredento, escribió a manos llenas y publicó a cuentagotas.

En 1746, el editor Le Breton y la asociación de libreros tomaron la decisión de acuñar una obra que compitiera con la *Enciclopedia de Chambers,* de orientación inglesa. Pensaron en "una compañía de hombres de letras" (Voltaire, Rousseau, Condorcet, Jaucourt, Montesquieu, Haller…) bajo la dirección de Diderot y la codirección del matemático D'Alembert. La *Enciclopedia* debía ser "un diccionario razonado de las artes, las ciencias y los oficios" que pusiera al alcance de los suscriptores (4000 en su mejor momento) las ideas avanzadas que iban en sentido contrario a la tradición y la ortodoxia.

A medida que aparecían los volúmenes aumentaba la presión de los jesuitas y jansenistas, que lanzaban condenas y anatemas. Le Breton entraba y salía de la cárcel. Diderot coordinaba a los autores, sometía la información a examen, corregía pruebas y hasta escribía algunas páginas. A ello dedicó 26 años, traducidos en 28 volúmenes de texto, once de ilustraciones y un sinfín de sinsabores. Como abominó del elitismo dispuso que nada que perteneciera a la naturaleza y a la actividad humana quedara fuera de foco. Por eso no sorprende que en la *Enciclopedia* encontremos consejos para cocinar espárragos y más adelante un artículo sobre las bondades del gobierno republicano.

38

¿QUIÉN ES EL MAESTRO DEL TEXTO FRAGMENTARIO EN LENGUA ALEMANA?

En literatura, cada cual tiene su ideal de perfección estilística. Hay quienes, por ejemplo, prefieren las descripciones dilatadas de un Marcel Proust *(véase más adelante)* o los juegos verbales de un James Joyce *(también más adelante),* y hay quienes gozan contemplando la presencia súbita, y por tanto fugaz, del rayo. El segundo grupo tiene en George Christoph Lichtenberg a uno de sus representantes máximos.

Fue el artífice, en lengua alemana, de esa forma nerviosa y fragmentaria del pensamiento que es, o puede semejarse, al aforismo. Nació en 1742, en una aldea descalza donde el silabario tenía menos valor que las supersticiones. Desde los ocho años aprendió a sobrellevar su joroba e incluso a sacarle provecho. Se interesó por las matemáticas y la física, y dedicó sus horas muertas al estudio de la astronomía. Sus estancias en Londres lo familiarizaron con Shakespeare, el sistema parlamentario y la belleza femenina. En 1775 sus colegas lo nombraron profesor de la

Universidad de Gotinga. Atraía a los alumnos por curioso, excéntrico e ingenioso.

Mientras editaba y escribía el *Almanaque de Gotinga* —un desparpajado éxito comercial— de 1777 a 1798, Lichtenberg iba llenando cuadernos donde consignaba reflexiones, ideas truncas y sueltas, frases del tamaño del ojo de una aguja, que intentaban concentrar una gama dispersa de intereses, escritos a despecho de las etiquetas literarias y guardados en un viejo arcón. Esos granos de mostaza salieron a la luz ya que Lichtenberg había muerto, en compilaciones rasuradas que censuraron muchas de sus opiniones más incendiarias. Tendría que llegar 1971 para que sus lectores conocieran la edición completa de sus cuadernos. No hay asunto que se le escape al escepticismo de Lichtenberg. Piensa en todo, y piensa críticamente, como declaran estas perlas: "Varias veces he sido censurado por faltas que mi censor no tuvo el ingenio o la energía de cometer"; "Cuando un libro choca con una cabeza y suena a hueco, ¿se debe sólo al libro?"; "El animal que se ahoga en una lágrima"; "Comerciaba con tinieblas en pequeña escala"; "He conocido personas que bebían a escondidas y se emborrachaban en público"; "¿Quién está ahí? Sólo yo. Ah, con eso sobra".

39

¿CÓMO SE MIDE EL GENIO DE MOZART?

De inteligencia mediana, tuvo un escaso interés por la literatura, la filosofía y la política de su tiempo; apenas y acumuló algunos conocimientos básicos. Y, sin embargo, su música le arrancó elogios a los espíritus más exigentes. Oigamos, por ejemplo, al teólogo suizo Karl Barth: "No estoy seguro de que los ángeles, cuando glorifican a Dios, toquen música de Bach. En cambio, estoy cierto de que, cuando están solos, tocan a Mozart, y que a Dios, entonces, le gusta especialmente escucharlos". Tratándose de Wolfgang Amadeus Mozart cualquier intento por dilucidar su genio se queda corto.

Nacido el 27 de enero de 1757 en Salzburgo, Mozart creció musicalmente bajo la guía de su padre, violinista y erudito hasta la vastedad y con extraordinarias dotes de pedagogo. A los seis años, y sin muchas herramientas de solfeo, ya había compuesto algunos ejercicios, pequeñas piezas confeccionadas por un talento precoz. Lo que vino enseguida fue una fatigosa agenda de presentaciones –cuatro años– en las cortes europeas. El niño Mozart se sentaba en las piernas de las emperatrices, despertaba la admiración de poetas y dramaturgos, enloquecía a las damas. Tenía ocho años cuando compuso sus primeras sinfonías y doce cuando conquistó los escenarios de la ópera.

Mozart alcanzó la madurez de estilo y la emancipación artística tan pronto volvió a Salzburgo, a la edad de catorce años. Para 1780 su producción abarcaba más de 300 obras. Ninguna forma, ningún género le resultaron infranqueables. Nadó con absoluta naturalidad en aguas profanas y religiosas, en aguas corales e instrumentales.

El retrato de este Mozart universal, prolífico y deslumbrante resultaría incompleto si olvidáramos mencionar al Mozart insumiso, harto de someterse a los caprichos del arzobispo Hieronimus de Colloredo, quien se conducía como un antiguo señor feudal. Al negarse a recibir su salario y a seguir padeciendo el trato de vasallo, y al caer de la gracia del arzobispo y decidir componer y dar conciertos por cuenta propia, Mozart presintió la figura del artista independiente, una de las grandes creaciones del siglo XIX. Su genio adquirió a partir de entonces un nuevo impulso pero su salud inició una carrera veloz hacia el deterioro. Murió a los 35 años, agobiado por las deudas, tras concluir *La flauta mágica* y dejar inconcluso el *Réquiem*. Una jugarreta del clima condenó a sus restos a la fosa común.

40

¿QUIÉN FUE EL PRIMER INTELECTUAL MODERNO?

¿Qué es un intelectual? ¿Una conciencia crítica de su época? ¿Un consejero altamente calificado con acceso directo a los salones u oficinas de los príncipes o gobernantes? ¿Un sacerdote laico? ¿Un agitador? ¿Un sabio interesado en que sus ideas tuerzan el rumbo de la realidad? ¿Un profeta? ¿Un demiurgo con forma humana que esculpe el mundo cultural, político, económico y social a su imagen y semejanza? Es todo eso, y más, gracias a la lección universal de Voltaire.

¡Hay tanto que decir de François-Marie Arouet, alias Voltaire! Hijo de un modesto notario, nació el 21 de noviembre de 1694 en París. No acababa de cumplir veinte años y ya se distinguía por su habilidad para componer odas y epigramas, aunque destacó también en la escuela del libertinaje. El primero de esos dones resultó la causa de que la mayor parte de su vida transcurriera en el exilio. Su ironía incomodó a la nobleza y a la fanaticada religiosa, que no toleraban que un plebeyo, y encima rico (desde joven tuvo talento para los negocios), los ridiculizara con el fuego de su pluma. Nuestra sensibilidad ya no puede digerir sus poemas y sus obras trágicas. Resultan artificiosos e insoportables. Se disfrutan, en cambio, sus cuentos, sus ensayos filosóficos, sus artículos y su extensa correspondencia. Desde ellos discute el enconado defensor de la tolerancia política y religiosa, el agudo comentarista de la vida diaria, el enemigo –no el ateo, como algunos sostienen– de la iglesia católica, a la que le reprochó su oscurantismo y su alejamiento de la doctrina cristiana. Nos queda ese Voltaire y, según español Fernando Savater, "el ejemplo de su militancia, lo que podríamos definir como su vocación intelectual de intervención". En efecto, Voltaire descubrió que las ideas ejercen un influjo regenerador sobre la sociedad. El conocimiento, el pensamiento, no son materia de especulación ni curiosidades que habitan en los libros sino fuerzas capaces de contrapesar los abusos de un gobierno despótico. Ya que las ideas importan, hay que convertirlas en símbolos de lucha.

En febrero de 1778 toda Francia, empezando por París, se puso a sus pies. Fue más que un reencuentro. Aquel gesto nacional confirmaba la salud de las ideas voltaireanas que sabían ganarse el interés general. Meses después murió con honores. Según cuentan, en 1814 una turba de monárquicos ignorantes –antiintelectuales– desenterró su cuerpo y el de Jean-Jacques Rousseau, con quien sostuvo célebres disputas filosóficas, para arrojarlos a una ignota fosa común.

41

¿SOBRE QUÉ BASES SE LEVANTÓ
LA ILUSTRACIÓN?

Es sabido que el siglo XVIII, sobre todo en Francia, Inglaterra y Alemania, produjo un concepto que en el ámbito hispanoamericano recibió el nombre de "Ilustración". Con él se quiso designar una época que, más allá de las aventuras del pensamiento y de la historia, dignificó la razón a despecho del saber escolástico y la irreflexión. Lo que acostumbramos dejar para el olvido es que la Ilustración no fue tanto un momento, una hoja en el calendario, como una corriente filosófica que interpretó la actividad humana en términos optimistas y, por qué no, heroicos.

El culto a la razón no sustituyó a la fe religiosa pero sí permitió conocer las leyes de la naturaleza y trazar una imagen perfectible del hombre. La razón es común a todos, un instrumento universal que combate la superstición y la ignorancia, y organiza, fundamenta y, a partir de un enfoque objetivo e impersonal, guía el principio del conocimiento. Los pensadores de aquel Siglo de las Luces confiaban en que, desde el ciudadano civilizado hasta los bantús del

Congo, el mundo físico sólo podía expresarse mediante el lenguaje de la razón.

"¡Atrévete a conocer! Ése es el lema de la Ilustración", escribió el filósofo alemán Immanuel Kant en 1783. Pero el conocimiento quedaba trunco sin la actividad crítica. Al derribar los cimientos de la doctrina escolástica, en especial su rechazo a admitir que los hombres nacen libres y no deben someterse al dominio de nadie, la crítica se convirtió en un medio privilegiado para examinar la realidad. Hacía caer a los viejos ídolos y al mismo tiempo anunciaba una era de desarrollo que corrían a la par de los avances técnicos. Los ilustrados creían en el mejoramiento de las instituciones. No en balde confiaron ciegamente en las verdades que encontraban fundamento en la investigación científica. En un sentido más amplio, fundaron la religión del progreso. La ciencia nos haría sabios, felices y justos. En otras palabras, allanaría nuestro camino hacia la modernidad.

Razón, crítica, conocimiento, progreso: los cuatro ases de la baraja con que la Ilustración le ganó la partida a las tinieblas.

42

¿CASANOVA FUE SÓLO
UN MODELO DE SEDUCTOR?

Sólo el siglo XVIII pudo haber engendrado a Giacomo Casanova. Es decir: sólo la época en que la palabra "cosmopolita" adquirió carta de naturalización, pudo abrirle las puertas a un aventurero de reputación tan dudosa como Casanova. Nadie permanecía quieto. Y así era: patria significaba cualquier sitio en el que uno quisiera instalarse. No existía siquiera la figura del exiliado. Se estaba en donde fuera, con tal de que ese lugar ofreciera una mesa de juego, un teatro, una sociedad tolerante y un puñado de mujeres hermosas.

Intentemos fijar los escenarios de las aventuras de Casanova: Venecia (patria de nacimiento), París, Bolonia, Varsovia, Trieste, Valencia, Moscú, Sicilia, Nápoles, Colonia, Londres, Zurich, Rotterdam, Amberes, Viena, Praga… Dan fe de una movilidad que raya en la urgencia de huir. Un informe secreto de la Inquisición de Venecia, fechado en 1755, lo describió como hombre de letras, veterano en magia negra y ciencias ocultas, trepador social, maestro en el arte de vivir a costa de los demás, consumado impío, embustero, impúdico y sensual. Deja en el olvido sus portentosas habilidades para hacer trampas a los naipes y su vocación no menos portentosa para pasar por encima de cualquier obstáculo. Y sobre todo, y acaso porque la disipación sexual era entonces moneda corriente, pasa por alto que Casanova haya sido un mujeriego incurable, dueño de un instinto depredador tan universal como poco indigesto. Sus biógrafos han llegado a registrar las señas de 120 de sus amantes, una cifra que apenas hace honor a su fama.

Lo que solemos dejar en falta es que Casanova fue el autor de sus *Memorias,* uno de los libros más astutos y divertidos del género confesional. A lo largo del tiempo, el género de las memorias ha servido para presentar una imagen edulcorada del autor. Se omiten los defectos y se exageran las virtudes. Éste no fue el caso. Las que correspondieron a Casanova consignaron la historia de dos vidas, la del mismo veneciano y la del siglo XVIII. En esas alegres confesiones es humano percibir algo más que un ideal erótico: cada día resultaba de algún modo orgulloso el día consagrado a la felicidad y a pasear por el paraíso terrenal.

43

¿EN QUÉ MOMENTO DE LA HISTORIA DE FRANCIA FUE ESCRITA *LA MARSEILLASE?*

Primavera de 1792: vientos de guerra soplan sobre Francia. Luis XVI acaba de declararle la guerra al emperador de Austria y al rey de Prusia. El ambiente presagia el olor a pólvora y hace su rondín con nervios crispados. El capitán Rouget, que ha sido emplazado a una de las fortificaciones de Estrasburgo, un joven que ha servido sin pena ni gloria, recibe la encomienda, o, mejor dicho, el consejo de escribir un poema destinado a servir de aliento a las tropas francesas que marcharán a combatir al enemigo. Ya antes había compuesto un himno con tonada pegajosa para celebrar la firma de la Constitución. Sabe que es un poeta modesto, algo así como un ágil hacedor de versos, y acepta el reto.

En las primeras horas del 26 de abril de 1792 Rouget se instala en su covacha de la Grand Rue 126. Casi de milagro, las dos primeras líneas acuden a su mente: *"Allons, enfants de la patrie / le jour de gloire est arrivé"* ["Vamos, hijos de la patria / el día de la gloria ha llegado"]. Rouget deja correr la mano prestándole simplemente eco a las voces callejeras que ha escuchado mientras se dirigía a casa. Sólo tiene un deber: hacer que tales voces encuentren el lugar y el ritmo adecuados. No está en trance; pone su oído y su habilidad para la composición al servicio del pueblo. De hecho, procede más como un compilador y seleccionador que como un creador. Antes de que salga el sol, Rouget ha puesto punto final a su encargo, con todo y música.

"El canto de guerra por el ejército del Rhin" recibe una acogida fría y sosa en Estrasburgo. Tendrían que pasar dos meses hasta que un joven oficial apostado en Marsella, un tal Mireur, aspirante a médico, levantara su copa y, en mitad de una cena que el Club de los Amigos de la Constitución ofreciera a los voluntarios que partían a la guerra, cantara el himno de Rouget ante la sorpresa y la ignorancia general. La letra prendió, la música se propagó como un virus. Desde entonces, la madrugada de Rouget no ha dejado de cantarse.

44

¿QUÉ PINTOR ESPAÑOL REPRESENTÓ EL BULLICIO DE LOS TABLADOS POPULARES Y LOS SALONES DE LA CORTE?

Segunda mitad del siglo XVIII: Francia acoge a la Ilustración, España libra una batalla entre la tradición –a las órdenes de la ignorancia, la intolerancia religiosa, los prejuicios sociales– y las ideas modernizadoras. La crisis ha quedado atrás. Se expande el comercio, crecen los capitales, aumentan las obras públicas, el proceso de industrialización recibe por fin una oportunidad. Aunque con ciertas reservas, España parece dispuesta a escuchar la llamada del progreso.

Francisco de Goya y Lucientes testificó esa batalla cultural. Nacido en 1746, en una aldea hosca de la provincia de Aragón, provenía de una familia plebeya acostumbrada al trabajo rudo. Uno de sus autorretratos lo muestra con la mirada soñadora, la nariz protuberante, el torso robusto, como el de un levantador de carretas. Hablaba el lenguaje del pueblo, amaba las fiestas populares y tenía devoción por la vida azarosa de los barrios suburbanos de Madrid. De ahí extrajo los motivos de una parte de su obra. La Corte fue el otro escenario. En 1786, Carlos IV lo nombró pintor de Cámara del Rey. Ya hacía tiempo que ese mundillo no conocía otros afanes que la intriga política, la frivolidad y la lujuria. Goya interpretó esas dos atmósferas: la de la sensualidad popular y la de los fastos cortesanos. Interpretó y, sobre todo, anuló sus diferencias al hacerlas participar, con los mismos derechos, del espacio hechizado del papel o la tela.

En *La familia de Carlos IV*", de 1800, Goya no pudo disimular su desprecio por un rey cuya mayor debilidad no fue tanto que haya consentido los engaños de su esposa como haber nombrado primer ministro al joven oficial con el que ella se contentaba. Una cualidad salta sin cortapisas: la idiotez moral y biológica de esa nobleza corrompida. Otro es el Goya de las escenas de campo, de las plazas de toros y los personajes urbanos. Se diría que en estos óleos y dibujos —orgullosos del pueblo— se siente más a gusto. Otro es también el Goya de los *Caprichos*. Concebidos luego de que en 1793 contrajo una grave enfermedad que lo redujo a la sordera, fueron una respuesta angustiosa a su dolor físico, a su aislamiento y a su desencanto progresivo. El pesimismo, la crítica a los falsos dioses de la época —la ignorancia y su contraparte, la fe ciega en el progreso— engendran monstruos que se regodean en el vicio y el crimen. Son imágenes que sirven de argumento a la locura humana, capaz de transformar la belleza en miseria moral.

45

¿A QUÉ TRADICIÓN LE RINDE HOMENAJE EL *FAUSTO* DE GOETHE?

Tenía 23 años cuando escribió *Werther,* una de las obras cumbre del romanticismo alemán y el detonante de la relación duradera –y no sólo literaria– entre la imposibilidad de unirse al objeto amado y el suicidio. Tenía casi 83 años cuando concluyó la segunda parte de *Fausto,* en la que canta el triunfo de lo humano a costa del poder tentador del diablo. Entre uno y otro momento, Johann Wolfgang von Goethe modeló una reputación de escritor sabio, sereno, confiado de que la luz predominará siempre sobre las tinieblas.

Es enorme la influencia que Goethe ha ejercido en la literatura europea y alemana desde que *Werther* apareció en 1772. Pero en *Fausto* está, sin duda, todo Goethe, y no únicamente porque le haya ocupado 60 años de su vida. Este poema dramático rinde tributo a la tradición que va de Homero a Dante, de la antigüedad clásica a la antigüedad cristiana, y de ésta al humanismo renacentista.

Dice el pensador estadounidense Roger Shattuck que en Occidente sólo existen dos mitos que no provienen de fuentes ancestrales: el del Santo Grial y el de *Fausto*. El segundo tomó forma escrita durante el Renacimiento, tras siglos de encender la imaginación popular. El erudito doctor Fausto firma un pacto de sangre por el cual el diablo se compromete a satisfacer todos sus deseos. Al final, arde en el infierno. Johann Spiess escribió una versión –la primera– en 1587 y Christopher Marlowe en 1593. A mediados del siglo XVIII G. E. Lessing concibió un Fausto que obtenía la salvación. Este último fue el modelo de Goethe. Su Fausto no pacta con el diablo sino que apuesta con uno de sus agentes, Mefistófeles, un embaucador con aptitudes cómicas. Si es capaz de que ningún cariño humano suscite su lealtad, gana. ¿Qué quiere? El torrente de la experiencia sensual. Primero seduce y traiciona a Margarita, después se precipita sobre Helena de Troya. En su andar, va cosechando triunfos sexuales y sembrando la desgracia de sus semejantes. Engatusa a Mefistófeles e incluso a Dios mismo pero alcanza el favor de los ángeles.

El lector de *Fausto* debe soportar muchas penalidades. Su falta de unidad, su verbosidad excesiva, su predominio del análisis en detrimento de la acción son las mayores. Ya lo dijo un crítico inglés: "No obstante ser *Fausto* imposible, es imposible imaginar la cultura europea sin él".

46

¿CUÁLES FUERON LOS TEMAS PREDILECTOS
DEL ROMANTICISMO?

Tendemos a pensar el romanticismo como la exaltación natural y espontánea del sentimiento amoroso. De hecho, tendemos a confinarlo a esa única esfera. Tuvo, por supuesto, una actitud radical frente al amor, que comprendía la unión armónica del alma y los sentidos, de plenitud espiritual y placer erótico. Pero quiso llevar también esa actitud radical a los terrenos de la historia, la filosofía, la religión y los estudios sociales.

Veamos. El impulso romántico se opuso abiertamente al racionalismo, y no porque los postulados de éste se hayan considerado frágiles ante, al menos, la ola de terror que trajo consigo el triunfo de la Revolución francesa de 1789. El asalto a la razón provino sobre todo de la intuición de una zona hasta entonces deshabitada: el inconsciente. El sueño, los estados anómalos de la conciencia, los arrebatos místicos e incluso la locura eran todas luces puertas detrás de las cuales aguardaba el verdadero conocimiento. El presente nunca fue generoso con los románticos. Las guerras napoleónicas habían cobrado una cuota muy alta de sangre, lo que para muchos constituyó un anuncio del inminente rugido de las revoluciones. Se entiende pues que los románticos se hayan vuelto con nostalgia hacia el pasado, en especial hacia la Edad Media. En contraste con las vacilaciones y los quebrantos religiosos que saltaron a la escena del pensamiento europeo a fines del siglo XVIII y principios del XIX, la Edad Media ofrecía un cuadro sólido y ejemplar de la fe cristiana.

La contemplación de la naturaleza como un acto de comunión con el alma; el deseo de surcar los cielos metafísicos; el énfasis en las imágenes que venían de la noche, la muerte o lo sobrenatural; la consolidación de las identidades nacionales y cierto desconsuelo nihilista son manifestaciones del impulso romántico. Hay otra, que quizá contenga a todas ellas. Ningún romántico se aventuró a pintar, escribir, componer o reflexionar sin antes considerar la necesidad de volcar su tenaz singularidad, de pensar sólo en él, y nada más que en su propio yo. Egocentrismo, autoidolatría fueron, en este caso, virtudes y no tanto defectos. La apoteosis del yo trajo aparejada la apoteosis del artista. Tengamos en cuenta este verso de Lord Byron, insolente y romántico: *"¿A qué exilio puede el hombre huir de sí mismo?"*

47

¿A QUIÉN LE DEBEMOS QUE LA MÚSICA SEA LA EXPRESIÓN DEL TEMPERAMENTO INDIVIDUAL?

Uno de sus biógrafos, Edouard Herriot, lo describe completamente sordo cuando recibió una ovación tumultuosa en el estreno de la *Novena sinfonía,* el 7 de mayo de 1824 en el teatro La Puerta de Carintia, en la ciudad voluble de Viena. Ese día estrenó también otra de sus piezas emblemáticas: la *Misa en re.* Se hallaba en la cumbre de su carrera, aunque en la miseria y el mal humor, a punto de iniciar la factura de la *Décima sinfonía* y sus últimos cinco cuartetos.

Agradecemos a Ludwig van Beethoven el descubrimiento de la música con temperamento individual. Cierto es que, en las últimas décadas del siglo XVIII, Mozart y Joseph Haydn habían dado algunos pasos hacia la independencia de estilo, limitando la intromisión de la Iglesia. Pero no fue sino hasta la aparición de Beethoven que la figura del compositor tendió a buscar aquellos rasgos que sólo podían estar presentes en él.

Con Beethoven estamos ante el triunfo del espíritu romántico, al que respaldó una inspirada justificación de la libertad y los mundos interiores. ¿Qué intentaba expresar a través de su música?: su propio yo. Connaturalmente rebelde, suplicante, volcánica e imperiosa, ésta sugirió que, más allá de la tradición y los modelos clásicos, sólo existe el lenguaje del sentimiento. Asistimos así a la consagración del género sinfónico. En la *Quinta sinfonía*, por ejemplo, compuesta en 1808 luego de mucho vacilar, "se impuso a sí mismo una tarea", según refiere el violinista Yehudi Menuhin, "en el dominio de la forma, que superaba con creces sus anteriores intentos. No contento con cambiar el concepto de lo que entonces se consideraba el material adecuado para una sinfonía, se propuso unificar los temas de cada movimiento, de modo que sus respectivos desarrollos reflejaran una integración total conforme la obra avanzaba".

La sordera, que a partir de 1802 lo obligó a llevar la existencia de un proscrito, influyó en su método de composición; debemos entender que su significado fue más hondo. Imposibilitado para escuchar la música, Beethoven renunció a componer frente al piano y tuvo que conformarse con la frialdad del papel pautado. Al reconocer dolorosamente que no estaba hecho para tocar sus propias obras, fijó, sin proponérselo, la distinción entre compositor e intérprete, tan moderna como el empleo de los trombones en una sala de conciertos.

48

¿QUÉ NOVELISTA PENSÓ EN EL AMOR COMO ORIGEN DEL ASCENSO SOCIAL?

La novela, el género literario de la edad moderna, tuvo que esperar dos siglos, desde que Cervantes arrojó al *Quijote* a un mundo inseguro y traicionero, para registrar altos volúmenes de *raiting*. No era de extrañar. Como hija de la movilidad social y de las verdades relativas, tuvo que esperar a que sus lectores naturales –los miembros de la burguesía– impusieran su criterio a costillas de los privilegios de nacimiento. Que la popularidad de la novela coincidiera con las reivindicaciones populares de la Revolución francesa de 1789 puede sonar a sociología barata pero no deja de sentar un referente cultural: la novela llegó para quedarse cuando la mentalidad burguesa hizo lo propio.

Nadie más apto para ilustrar esta vocación que el escritor francés Henry Beyle, mejor conocido como Stendhal. En sus dos monumentales novelas –*Rojo y negro* y *La cartuja de Parma*– cifró el destino de esa clase pujante para la cual sólo valían, y siguen valiendo, los méritos. Admiró a Napoleón, un ejemplo acabado de ambición a pesar del origen de su cuna, y empezó a escribir su primera novela a los 43 años luego de trabar conocimiento con toda clase de especímenes humanos, molidos a palos por tantas vicisitudes como él. Nació en 1783. Abría la boca y nadie le atribuía un gramo de talento.

Y sin embargo... y sin embargo... No se puede amar al compás del amor imposible sin haber leído *Rojo y negro*. Ese hombre, Stendhal, pequeño y gordo, que lucía unas patillas descomunales y pantalones ceñidos –por no mencionar su gusto por los colores chillantes– supo tanto del amor como el insaciable Casanova. Lo supo a su manera, es decir, con sabiduría novelística. *Rojo y negro* trata de una ambición juvenil, la del encumbramiento social, y de cómo esa ambición se sirve del amor. Ya que se trata de subir, qué importa seducir por conveniencia. Pero qué tal –sugiere Stendhal– si esa estrategia conduce al verdadero amor y ese amor vence al trepador. Preguntas, sólo preguntas: el reino de la novela.

Stendhal se pasó la vida queriendo a mujeres que sólo buscaban en él a un amigo. Procuró esa felicidad y no la encontró. Murió en marzo de 1842, un día después de asistir a una cena aburrida en el ministerio de París.

¿QUIÉN INVENTÓ LA FOTOGRAFÍA?

De 1828 a 1851 el número de hiladoras mecánicas en Francia había pasado de 446 000 a 819 000; de 1825 a 1851, el número de tejedoras mecánicas había pasado de 250 a 12 128. El reinado de las máquinas estaba a la vuelta de la esquina. Los artesanos se volvieron obreros, los obreros se volvieron más miserables que los artesanos. Apenas 1% de la población francesa tenía derecho al voto. Sólo prosperaban los dueños de las fábricas, los comerciantes, los banqueros, los hombres de Estado. La fotografía nació a la vera de estos contrastes sociales.

Como otros miembros de la burguesía intelectual, Nicéphore Niépce puso su fortuna y sus esfuerzos al servicio de la experimentación científica. En 1814, la litografía arribó a Francia. Utilizando una piedra lisa, formada por una caliza muy fina, el artista plástico trazaba una imagen cualquiera que se conservaba sobre la superficie. Esa imagen quedaba impresa en el papel luego de que una prensa corría sobre la piedra. ¿Y si sustituíamos la piedra por una placa de metal, y el lápiz por la luz solar? Mediante ese procedimiento sería posible atrapar la fugacidad de la vida.

En 1824 Niépce obtuvo resultados decisivos, aunque todavía rudimentarios. Fue el pintor Daguerre quien habría de perfeccionar y popularizar el invento de Niépce. La placa metálica, sensible a la luz, debía someterse a la acción de vapores de yodo. Aunque tortuoso –la preparación ocurría momentos antes de que se utilizara la placa, que se revelaba en seguida, luego de exponerse a la luz solar–, el método resultó infalible. Es cierto, los preparativos duraban poco menos de una hora y era técnicamente imposible obtener más de una copia; sin embargo, la imagen obtenida puso a temblar a retratistas y paisajistas, próximos a engrosar las filas del desempleo.

Los primeros daguerrotipos, con todo y accesorios, pesaban 50 kilos y tenían un costo de 400 francos, una cifra a la altura de unos cuantos. En agosto de 1839, la Academia de Ciencias adquirió el invento de Niépce y Daguerre. Un testigo de la época refiere que, en las semanas que siguieron, París fue víctima de la fiebre de la experimentación: a lo largo del Sena, cientos de aparatos iniciaron la colonización de lo cotidiano.

50

¿ES POSIBLE NOVELAR LA VIDA ENTERA
DE UNA SOCIEDAD?

En virtud de su prolífica imaginación literaria, de su capacidad casi innata para describir toda clase de atmósferas
y darle vida a un número descomunal de tipos humanos,
hay quien ha declarado a Honoré de Balzac "el novelista
entre los novelistas". No hay duda, Balzac escribió mucho,
más de lo que podría esperarse de un hombre que procuró
con tanto tesón el café, los entusiasmos civiles y los placeres de alcoba.

Balzac tenía 34 años cuando concluyó su aprendizaje
narrativo. Había escrito libros bajo seudónimo, noveletas
vulgares de las que siempre se arrepentiría, había tanteado
el terreno y cometido muchos errores. Su proyecto –llamarlo ambicioso es pecar de mezquino– presupuso el estudio
enciclopédico de la sociedad francesa de la primera mitad
del siglo XIX. *La comedia humana* persevera, en efecto, en
la empresa titánica de representar todos los fenómenos sociales, sin menospreciar ninguna situación vital, ninguna
fisonomía, ningún carácter masculino o femenino, ningún

estrato económico, ningún lenguaje, ninguna profesión ni etapa de la vida. Más que una investigación con alcances científicos, es una mitología del presente que apenas y se extiende hacia el pasado. O, como dijo el mismo Balzac, se trata de una "historia del corazón humano".

En 1845, mientras producía un número inconcebible de cuartillas al día, Balzac diseñó los planos de su catedral literaria. Constaría de 137 textos, agrupados en 26 volúmenes, divididos de la siguiente manera: "Estudios de costumbres", que abarcaría a su vez la vida privada, la vida de provincia, la vida parisiense, la vida política, la vida militar y la vida en el campo; "Estudios filosóficos" y "Estudios analíticos". Concluyó la increíble friolera de 85.

Balzac procedió a la manera de un naturalista: sus personajes y sus atmósferas no eran obra de la invención sino del ambiente de su época. Semejante manera de concebir la creación literaria debía incluir lo vulgar y lo práctico, lo feo y lo corriente. Ya que sus personajes estaban maniatados por la historia, sus destinos se nos muestran como un continuo hacerse. Que sepamos, nunca antes un escritor había llegado tan lejos.

51

¿QUÉ MÚSICO, GRACIAS A SU INCREÍBLE TALENTO,
SE DECÍA QUE TENÍA PACTO CON EL DIABLO?

El primer tercio del siglo XIX conoció el encumbramiento
del solista, esa mezcla de virtuosismo técnico y personalidad arrolladora. No es casual que el romanticismo le haya
servido de marco, sobre todo si recordamos que, entre otros
atributos, se propuso exaltar al individuo. El solista por
excelencia nació en Génova, en 1782. Su nombre: Niccolò
Paganini.

Corren muchas leyendas alrededor de su vida. La de
que tenía pacto con el demonio fue quizá la más popular. Un cuadro del pintor francés Delacroix lo capta en el
momento de una contorsión, el cuerpo doblado sobre su
cadera, las manos gigantescas abarcando por entero al violín, la vestimenta negra, el rostro cadavérico, la expresión
ensimismada. Este autodidacta, cuyas interpretaciones
producían en el público una suerte de encantamiento, era
capaz de extraer una gama desconocida de sonidos. Tocaba sobre una sola cuerda, ejecutaba armónicos artificiales
en dos cuerdas al mismo tiempo –haciéndolas vibrar en

varias secciones y no en su totalidad–, lograba que el arco arrancara notas punteadas y simultáneas –no una después de otra–. Quienes dejaron registro de sus conciertos coinciden en señalar que sus apariciones tenían un carácter sobrenatural. "De seguro persistirá el deseo de volver a escucharme" –le confesó a un amigo–. "¿Cuántos Paganinis crees tú que existen en esta Tierra?"

Fue un jugador compulsivo de cartas, al grado de que llegó a empeñar su instrumento antes de que recibiera un Guarnerius –rival de los Stradivarius– de manos de un admirador. Algunos teatros europeos podían recibir a 2 000 espectadores. En 1805 su fama ya atraía a multitudes de diletantes y conocedores. Cobraba y lo hacía sin tentarse el corazón. Emprendía largas giras, administradas con admirable celo comercial. También en estas lides debemos reconocer al pionero.

Hace falta firmar un pacto con el diablo para interpretar sus 24 *Caprichos* y sus cinco conciertos para violín. Están llenos de artificios, exigencias y dificultades. Eso explica que el público haya tenido que esperar 100 años después de su muerte, en 1840, para volver a escucharlos.

¿QUÉ HIZO QUE PARÍS FUERA LA CAPITAL CULTURAL EN LA PRIMERA MITAD DEL SIGLO XIX?

Supongamos que estelarizamos un viaje en globo por encima de París en 1820. ¿Qué vemos? No la Torre Eiffel, ni la Plaza de la Concordia, no los Campos Elíseos sino una vía lodosa por la cual se llegaba a un esqueleto que cientos de albañiles intentaban culminar para que los turistas del siglo XX gastaran su dinero en la contemplación inútil del Arco de triunfo. A las orillas del río Sena se levantaban casas y tiendas, el Louvre estaba por recibir la última piedra y la iglesia de la Madelaine, a la que hoy contemplamos desde un café donde la cerveza es mexicana y el mismo café es colombiano, apenas era un agujero, un proyecto, unos cimientos. La primera vía de tren –París-Saint Germain– estaba a punto de correr. La Place Vendome ya era lo bastante alta y fea para pensar en sustituirla por alguna flor de lis o un obelisco patriótico. Ni pensar en las calles: ratoneras que hubieran hecho las delicias de Jack el Destripador, vertederos de todos los desechos fisiológicos y morales de unos pobladores que no andaban en la onda de salvar al planeta y planificar.

Hacia 1830 París tenía ya la apariencia de una parisina: lo que no estaba ahí podía desearse o imaginarse. O como asentó el poeta Alfred de Musset: "Todo lo que era ya no existe; todo lo que ha de ser no existe todavía". Cabe pensar que París como ombligo occidental de la primera mitad del siglo XIX nació cuando un grupo de jóvenes, encabezados por el bombardero intelectual Téophile Gautier, vistiendo un chaleco rojo, lanzó a sus huestes para que el estreno de *Hernani*, del poeta y novelista Víctor Hugo, no fuera un fracaso. ¿Qué obra era ésa en la que la vulgaridad y la elegancia compartían una propuesta estética? ¿Qué clase de poesía era aquélla? ¿Una sin rima y sembrada de pausas? Sí, el lenguaje del romanticismo. Los jóvenes ganaron la batalla. Tal triunfo colocó a París, con todo y su cochinero urbano, o quizá por ello, a la cabeza de las ciudades con temperamento incendiario y rebelde.

53

¿QUIÉN MAGNIFICÓ
EL ARTE DE LA ORQUESTACIÓN?

Como su padre era médico, y venía de una familia acomodada y respetada, creyó que también se ocuparía de dolencias imaginarias o males verdaderos. Sin embargo, tenía una fabulosa disposición para interpretar y componer. Sin dejar de ser un pueblerino, se estableció en París a la edad de veinte años y siete después mandó la bata blanca al infierno para dedicarse por entero a la música. Héctor Berlioz, nacido en 1803, quemó sus naves y batalló por ser original. En 1830 había compuesto tres oberturas, dos cantatas, una misa de réquiem y una sinfonía en ¡cinco movimientos!, la *Sinfonía fantástica*. Bien para un músico tardío y mejor para un alumno aventajado del conservatorio.

Todavía en vida de Beethoven la exigencia de reunir a 150 ejecutantes se consideraba una extravagancia. Berlioz lo hizo parecer algo natural. Ya que desarrolló un nuevo concepto de orquestación —cada instrumento tenía una función propia y por lo tanto no desempeñaba funciones subalternas—, tuvo que incrementar las dimensiones y los recursos de la orquesta. Nadie antes de él había mezclado los timbres instrumentales con tanta sabiduría. Su ambición renovadora alcanzó también al estilo de canto. Fue el primer músico en componer piezas vocales que respondían a un riguroso diseño melódico. Encima de todo, sabía representar el papel de director. Selló su consagración en septiembre de 1838, tras el estreno de la ópera *Benvenuto Cellini*. La libertad expresiva, el despliegue franco de los sentimientos, en suma, el alma romántica, encontraron en Berlioz a un cómplice a modo. Sin sus excesos, los dramas de Richard Wagner y las sinfonías faraónicas de Gustav Mahler difícilmente se habrían justificado.

Berlioz escribía… y muy bien. Además de sus oberturas, misas, melodías con orquesta, sinfonías y el oratorio *La infancia de Cristo* nos dejó una curiosa obra crítica y el *Gran tratado de instrumentación y de orquestación,* un libro que sigue siendo referencia obligada de consulta entre maestros y aprendices de música. El compositor Modest Mussorgsky, padre del nacionalismo ruso, lo estudiaba antes de dormir y tan pronto despertaba a la mañana siguiente.

54

¿QUIÉN TRANSFORMÓ LA ÓPERA
EN UNA ATRACCIÓN INTELECTUAL?

Según una opinión muy extendida a fines del siglo XIX, cuando el maestro alemán ya había muerto y su música era sinónimo de alta cultura, Richard Wagner consiguió que todas las óperas escritas antes de él sonaran obsoletas y que sus dramas volvieran a encender el fuego extinto de la tragedia griega. Sus seguidores, en su mayoría pertenecientes a círculos intelectuales, históricamente dotados de malos oídos, se contaban por legiones. El wagnerismo se difundía en artículos y conferencias y se enseñaba como si fuera una religión.

Wagner estrenó su primera ópera, *El buque fantasma,* en 1843, y la última, *Parsifal,* en 1882, meses antes de sufrir un fulminante infarto cardiaco. Obsesionado por la historia de la raza germánica y los mitos celtas y escandinavos (los Nibelungos, la saga del Santo Grial), aspiró a una disciplina total en la que se fundieran todas las artes. Lo que caracterizó a sus fastuosas y agotadoras producciones fue la ausencia absoluta de reposo, sostenida por el empleo casi maniaco de la disonancia, un recurso que se remonta hasta el Renacimiento y que consiste en agrupar sonidos que generan una impresión de inestabilidad. Si a ello sumamos una temática nacionalista con marcados acentos heroicos obtendremos la fórmula wagneriana de majestuosidad dramática.

La tetralogía *El anillo del nibelungo (El oro del Rhin, La valquiria, Sigfrido, El crepúsculo de los dioses),* estrenada en 1776, en el teatro que el mismo Wagner mandó construir con el dinero del rey Luis II, constituye, sin discusión, su obra estelar. Es la épica medieval del pueblo germánico. Se dedicó a ella durante 25 años. La historia de la música no conoce otro caso en el que la voluntad creativa haya sido tan fiel a una sola obsesión durante tanto tiempo. En el ínterin representó *Tristán e Isolda,* que arrancó el siguiente comentario del inmortal Rossini: "Wagner tiene buenos momentos pero malos cuartos de hora".

Wagner sólo se mantuvo fiel a su música. Engañó con desfachatada alegría a su primera esposa; traicionó a uno de sus mejores amigos, el director de orquesta Hans von Bullow, seduciendo a su mujer, hija de Franz Liszt, y a todos los que tuvieron la desventura de cruzarse en su camino.

55

¿*MOBY DICK* ES UNA NOVELA EN CLAVE?

Cuando murió en 1891 el *New York Times* ni siquiera atinó a escribir bien su nombre. Lo llamó "Henry" en lugar de Herman. Nadie se acordaba de *Moby Dick,* que publicó en 1851 y le ganó el repudio de los pastores protestantes, ni mucho menos de sus demás novelas y relatos. Su prosa, escribió un crítico de la época, no era "más que otra tanta basura, perteneciente a la peor escuela de la literatura del manicomio".

La juventud de Herman Melville significó por sí misma una gran novela de aventuras. Estaba por cumplir veinte años cuando zarpó como grumete rumbo a Liverpool. Al año siguiente, inició su encuentro definitivo con el mar: se embarcó en un ballenero rumbo al Pacífico sur. Los tres años y medio que duró esta experiencia fueron la cimiente de la que se nutriría su imaginación literaria. Y no sólo eso: Melville convivió con una gama insospechada de tipos humanos, criminales y parias curtidos por la adversidad y el desarraigo social. Incluso pasó una corta temporada entre los caníbales de las islas Marquesas.

Moby Dick se alimenta de este bagaje. Conocemos su argumento: el capitán Ahab jura vengarse de la ballena

blanca que le arrancó una pierna. Su odio es condenada-
mente bíblico y blasfemo. De esta manera asistimos a una
travesía que tiene todos los visos de concluir en la locura y
la muerte. Y sabemos de ello gracias al recuerdo narrado de
Ismail, único sobreviviente de la cacería. Melville procede
mediante un juego de oposiciones. Ahab encarna el destino
trágico ("me falta la humilde capacidad de gozar"), Ismail al
sentido común. Moby Dick es la naturaleza ciega, Ahab la
voluntad humana que aspira a dominar la creación entera.
A ojos de Ahab, Moby Dick no es una ballena sino el símbolo de aquello que minimiza y somete al hombre, un poder muy alto frente al cual es necesario rebelarse. O como
escribe el filósofo español Fernando Savater: "quien no
luche contra Moby Dick es responsable del horror; quien
tolera al monstruo blanco, colabora a su obra de muerte".

El hombre de confianza (1857) fue la última de las novelas que Melville publicó en vida. Después se hundió en el
anonimato. Entre 1866 y 1885 se empleó como inspector
de aduanas del puerto de Nueva York por tres dólares y
sesenta centavos al día. Sus admiradores en Canadá y Gran
Bretaña le enviaban cartas desesperadas preguntando por
qué era tan difícil conseguir sus libros.

¿QUÉ LIBRO INAUGURÓ
LA POESÍA MODERNA?

Las flores del mal apareció en 1856, poco antes de que la fisonomía urbana de París testimoniara el asalto de la modernidad y las multitudes. Su autor, Charles Baudelaire, y los editores, fueron acusados de inmoralidad y condenados a pagar una multa cuantiosa. Nació, pues, bajo el signo del escándalo, y de él ha sacado fuerzas para seguir surtiendo a la poesía de "orden y belleza, lujo, calma, voluptuosidad".

Imposible mencionar el nombre de Baudelaire sin que a nosotros acudan la esencia y la forma a la vez terrenal y divina de sus amores descompuestos. En 1842 conoció a Jeanne Duval, una prostituta a la que amó, maldijo, veneró, compadeció hasta 1864 cuando, después de incontables reconciliaciones y abandonos, rompió definitivamente con ella. Muchos de los poemas de *Las flores del mal* tienen a esta "Venus negra", ángel protector y demonio, como destinataria *("Necesitas devorar un corazón por día / para ejercitar tus dientes en este juego singular")*. No hay que exagerar el influjo de Jeanne Duval; tampoco desdeñarlo. A fin de cuentas, contribuyó a moldear la imagen heroica de la mujer en la estética baudelaireana: un alma viril habitando un hermoso cuerpo femenino.

¿Ambivalencia? Sí, la poesía de Baudelaire aspira siempre a satisfacerse en esta palabra. Quiere elevarse por encima de los convencionalismos mundanos para nombrar las correspondencias que se establecen entre los seres y las cosas, y entre ellos y el universo, pero quiere también saciarse de crimen y de pecado. Quiere, mediante el alcohol y las drogas, exacerbar los sentidos, pero también distanciarse de la emoción para que el proceso de escritura sea una búsqueda consciente y crítica. Quiere que el cuerpo se extravíe en los excesos, pero también que los grandes ojos del alma contemplen los "esplendores eternos". Huye y se siente igualmente atraída por Dios y por Satán, por la sublime ignominia y por la belleza que "nunca llora y jamás ríe". "Horror de la vida, éxtasis de la vida", escribió con ondulante clarividencia.

Entre 1842 y 1858, Baudelaire habitó al menos en catorce pocilgas distintas de París. Sus acreedores siempre daban con él. Ese Baudelaire, el de la pobreza y las tabernas de mala muerte, el solitario, vagabundo, proscrito por la Academia y las buenas familias, vencido por la enfermedad, es el mismo que dio origen a la institución del poeta maldito.

¿LA POESÍA CONOCIÓ ALGUNA VEZ
A UN NIÑO TERRIBLE?

El caso del poeta francés Arthur Rimbaud, fumador de ha-
chís y bebedor de ajenjo, es uno de los más desconcertan-
tes en la historia de la literatura moderna. Que se sepa, no
escribió nada después de 1875, cuando aún tenía veinte
años ("Para qué las palabras. Entierro a los muertos en mi
vientre"). Inició su carrera poética a los dieciséis y renunció
a ella cuatro años después para seguir la de traficante de
armas y esclavos desde un lejano reducto de África. Mucha
tinta ha corrido con vistas a discutir la precocidad de Mozart. Algo similar pasa con Rimbaud. Tras la muerte dolorosa por cáncer en 1891, su reputación de genio adolescente y maligno, de niño terrible de las letras francesas creció a
ritmo galopante, alentada por la iniciativa de Paul Verlaine
–padre del simbolismo y padre simbólico de Rimbaud– de
incluirlo en su panteón celebratorio de poetas malditos.

"Yo les digo" –consignó Rimbaud en una famosa carta
en mayo de 1871–: "el poeta tiene que ser un vidente, convertirse en un vidente. Se hace a sí mismo un vidente me-

diante una larga, inmensa y sistemática revolución de todos los sentidos". Algunos le encontraron parecido con el diablo; otros le atribuyeron una imaginación rebosante de poderes y corrupciones inauditas, capaz de convocar dos sentimientos encontrados: fascinación y terror. No cayó muy bien en el ambiente exquisito de París pero nadie se atrevió a refutar que sus primeros poemas anunciaban el nacimiento de un genio.

Rimbaud fue el poeta que quiso adiestrar el alma liberándola de toda influencia cultural. Su método de escritura se vinculaba así al de los místicos, pero sólo en cuanto a que perseguía la clarividencia y de ningún modo el oscurecimiento de la razón. Rimbaud es también el poeta que se sabe puro, libre de mancha y pecado. Como lo era, podía, con infantil arrogancia, rehacer por su cuenta la creación entera: "En las horas de amargura me imagino bolas de zafiro, de metal. Soy dueño del silencio".

Una temporada en el infierno e *Iluminaciones*, este último publicado a espaldas suyas en 1886, son libros fundacionales. Fueron procreados al margen de las leyes del equilibrio, pero no de las que proclaman que todo lo anterior a nosotros es pura arbitrariedad, por lo cual estamos obligados a obrar como dioses aunque debamos padecer humanamente: "Dormiremos en las aceras de ciudades desconocidas, sin comodidades, sin preocupaciones".

58

¿TOLSTOI O DOSTOIEVSKI?

Dos nombres concentran todas las energías de la novela rusa en el siglo XIX: Liev Nikoláievich Tolstoi y Fiodor Mijáilovich Dostoievski. Aquél nos dejó *Ana Karenina, La sonata a Kreutzer* y *Guerra y paz*; éste, *Crimen y castigo, El idiota* y *Los hermanos Karamazov*. Contemporáneos –Dostoievski nació en 1821, Tolstoi en 1828–, jalonados por el mismo sentimiento de indignación frente a la miseria y el sufrimiento de los siervos, testigos de cargo de la pugna entre eslavófilos y occidentalistas, encarnaron dos visiones contrarias del arte de la novela.

Con elocuencia clásica, el pensador inglés Isaiah Berlin ha dicho que Dostoievski perteneció a la categoría de los erizos y Tolstoi a la de las zorras que creyeron ser erizos. A los primeros les seduce un "único principio universal, organizador, que por sí solo da significado a todo lo que son y dicen"; los segundos se sienten atraídos por una multiplicidad de fines, "a menudo inconexos y hasta contradictorios". Los erizos saben una cosa… y muy grande; las zorras saben muchas y ocupan varios planos a la vez. Las ideas de los erizos giran alrededor de un astro totalizador; las de las zorras lo hacen alrededor de mundos vastos y múltiples experiencias.

Los personajes de Dostoievski, inspirados en los nihilistas rusos –"si Dios no existe, entonces todo está permitido"– de mediados del siglo XIX, cobran vida para ponernos en guardia contra las implicaciones éticas de la ideología radical que enarbolaron los precursores de la revolución bolchevique de 1917. Dostoievski escribió sin otra presunción que la de obtener la verdad que concede la imaginación literaria. Sin embargo, necesitaba discutir con los demonios de su época. Inventó a Raskolnikov, a Ivan Karamazov, a Stavrogin para confrontarlos con la inocencia celestial de los seres simples.

Tolstoi se movía con igual soltura en los espacios abiertos y en los cerrados. El mundo que presentaron sus novelas podía tener la amplitud de una gesta en la que el pueblo ruso se exponía valerosa y noblemente o el tamaño compacto de un drama familiar trazado con precisión psicológica. No vaciló al someter a sus personajes a la presión inescrutable de la historia. Ya en la paz, ya en la guerra, en sus mundos hubo lugar para la pasión amorosa, los reclamos de la política internacional y la crudeza épica. Dostoievski transitó los laberintos de las almas atormentadas. Tolstoi prefirió la estampa heroica.

¿CON QUÉ CONVENCIONALISMOS
ROMPIÓ EL TEATRO DE HENRIK IBSEN?

Alrededor de 1865 Henrik Ibsen era admirado por haber escrito un poema en honor al presidente de Estados Unidos Abraham Lincoln. Tenía casi 40 años y no había llegado aún la hora de que se le reconociera como el padre del naturalismo teatral. Mientras esperaba el momento de lanzar sus dardos envenenados contra una sociedad cuya doble moral exigía la virtud pública sólo para estimular los vicios privados ("los lugares oscuros de la Tierra", escribió por esos años el teólogo R. H. Hutton, "son los felices hogares cristianos"), en Europa el teatro daba muestras de querer recuperar el sitio que había perdido. Oscar Wilde y Bernard Shaw en Inglaterra, August Strindberg en Suecia, Luigi Pirandello en Italia, Arthur Schnitzler en Austria tenían la potencia del trueno.

Medimos el legado de Ibsen por su ambición de utilizar –¿o poetizar?– el lenguaje coloquial y de poner al espectador frente a la lenta acumulación de la sordidez humana, la vulgaridad humana, las penalidades humanas. *Espectros*, por ejemplo, versa sobre las enfermedades venéreas; *Hedda Gabler* sobre una mujer embarazada en contra de su voluntad que, con una inteligencia maligna, se destruye a sí misma y a quienes patrocinan la opresión femenina; *Casa de muñecas* sobre un matrimonio en proceso de putrefacción; *Brand* sobre un iluminado que busca la perdición de sus semejantes invocando los más elevados principios; *Peer Gynt* sobre un aventurero que se deshace de todo escrúpulo. Ibsen odió los convencionalismos de una burguesía a la que veía como la encarnación de un mundo corrompido. Por sus dramas circulan corrientes tempestuosas de ira social. Lo primero que esperaba de ellos era que su "pueblo de mercachifles" los recibiera como una afrenta. No predicaba pero en la perfecta caracterización de sus personajes, endemoniadamente lúcidos, parecía ocultarse el deseo de imprimirles la voz del sacerdote sin iglesia.

Ibsen nació en 1828, en el puerto noruego de Skien y murió en 1906. Renegó de su patria, aunque sus dramas ocurren siempre ahí. En 1888, escribió: "Comencé sintiéndome noruego, luego evolucioné y fui escandinavo; actualmente he ido a parar a lo germánico".

¿QUÉ MANERA DE MIRAR INAUGURARON
LOS IMPRESIONISTAS?

Al mediar el siglo XIX, París estaba a punto de transformarse en la capital pictórica de Europa. Imposible hacerse de un prestigio y de una carrera lejos de la atmósfera bulliciosa y cosmopolita de París. Ahí oficiaban los grandes maestros, ahí las discusiones sobre el sentido y el futuro del arte prosperaban tanto como los cafés de Montmartre. Pero algo faltaba. Sí, el prestigio de París sólo alcanzaría su punto más elevado con la irrupción fulgurante de los impresionistas.

Desde que Delacroix desdeñó el dibujo, el equilibrio de la composición y los temas cultos, la pintura se alejó de los cánones impuestos por la Academia. En 1863, Edouard Manet escandalizó a los críticos al sostener que si contemplamos la naturaleza al aire libre obtenemos una mezcla de tonos y no una visión de objetos particulares. Casi al mismo tiempo, Claude Monet conminó a sus colegas a dejar el estudio y a trabajar al aire libre. Por si esto fuera poco, sostuvo que, en virtud de que el paisaje cambia a cada instante, era imposible ofrecer imágenes acabadas; a lo sumo, el pintor podía aspirar a depositar pinceladas rápidas sobre la tela, olvidándose de los detalles en favor del efecto de conjunto. Sonaba a herejía. En 1874 Monet expuso su cuadro *Impresión: amanecer,* el trazo de una bahía vista a través de la neblina. Un periodista encontró que el título cazaba muy bien con la "falta de rigor" de Monet y sus seguidores. Quiso ser desdeñoso y los bautizó como "impresionistas".

Pero el alejamiento se firmó definitivamente en 1876, con la primera exposición de los impresionistas en la Rue le Peletier. Un crítico de renombre lanzó estas palabras:

> Penetré en ella y mis ojos horrorizados contemplaron algo espantoso. Cinco o seis lunáticos, entre ellos una mujer, se han reunido y expuesto allí sus obras. He visto personas desternillándose de risa frente a estos cuadros, pero yo me descorazoné al verlos. Esos pretendidos artistas se consideran revolucionarios, "impresionistas". Cogen un pedazo de tela, color y pinceles, lo embadurnan con unas cuantas manchas de pintura puestas al azar, y lo firman con su nombre.

A la distancia, los experimentos de Edouard Monet, Auguste Renoir, Edgar Degas, Camille Pissarro, Alfred Sisley, Berthe Morisot y Paul Cézanne se nos antojan inseparables de la institución del arte. Lo son, en efecto, pero antes tuvieron que sobrevivir en los márgenes.

61

¿CUÁNDO SE LEVANTARON
LOS PRIMEROS RASCACIELOS?

Una desgracia mayúscula fue la causa de que los ingenieros y arquitectos estadounidenses iniciaran la era del rascacielos. Entre el 8 y el 10 de octubre de 1871, 18 000 construcciones de la ciudad de Chicago fueron consumidas por el fuego. Una tercera parte del total, 100 000 habitantes quedaron sin hogar. Al parecer, la caída de un farol había provocado el incendio. No sólo las casas, también las aceras, estaban confeccionadas con madera de pino. El resurgimiento de Chicago es uno de esos momentos en la historia de Estados Unidos que se invocan cada vez que el orgullo sufre alguna mella. Así, 5 000 casas se construyeron en un mes y los precios del mercado inmobiliario se dispararon a las nubes. Ya que se trataba de renovar, había que hacerlo en grande.

Renovar implicaba también crecer hacia arriba. En 1885, William LeBaron Jenney, que había cursado ingeniería en la Escuela Científica Lawrence y arte y arquitectura en París, concluyó el edificio de nueve plantas de la compañía Home Insurance, el primer rascacielos. No sólo debió satisfacer la demanda de construirlo a prueba de incendios sino otra de carácter funcional: albergaría el mayor número posible de oficinas, pequeñas y bien iluminadas. Para levantar el armazón, Jenney se inspiró en la estructura de alambre de una jaula para pájaros. Adiós a los pilares de granito, bienvenido el acero.

Su ejemplo se propagó, igual que años antes el fuego, por todo Chicago. De entre los profetas que anunciaban la llegada de una era que expondría al hombre a la conquista de las alturas, ninguno tan terrenal, tan antiacadémico, tan inmodesto como Louis Henri Sullivan. "El templo romano", escribió en un breve artículo periodístico publicado en 1896, "no puede existir en la calle Monroe, del mismo modo que aquí no existe la civilización romana. Una construcción así debe ser necesariamente una imitación, una edificación irreal". El temperamento estadounidense tendía históricamente hacia el rascacielos, símbolo de poder económico. A pesar de sus llamados a la innovación, Sullivan erigió sus mamuts de acero a la manera de un clásico: el edificio Wainwright, de San Luis, y el Guaranty, de Búfalo; la Bolsa y los almacenes Carson Pirie Scott de Chicago.

En 1913, con la inauguración del edificio Woolworth, la fiebre del rascacielos se desplazó a Nueva York.

62

¿QUÉ EXPERIENCIA TRANSMITEN LOS CUADROS DE VAN GOGH?

A principios del año 2007, la galería Christie's de Nueva York remató un cuadro de Vincent van Gogh –el retrato de Marie Ginoux, propietaria de un café parisino– en 40.3 millones de dólares, una cifra sin precedentes. Quién lo diría: en su corta vida, Van Gogh apenas consiguió vender un cuadro, *Viñedo rojo,* en 400 francos, a la pintora belga Anna Boch.

Van Gogh –ya lo sabemos– fue el incomparable inventor de la pincelada violenta. Eso no es menos cuestionable que el hecho de que abrazó la pintura en 1880 –acababa de cumplir 27 años–, luego de fracasar como predicador en las cuencas mineras de Borinage, al este de Bélgica, donde tuvo sus primeros contactos con la desesperanza y la miseria. Nunca conoció la guía de un maestro ni invocó la ayuda de sus amigos –Paul Gaugin, Toulouse-Lautrec– para determinar el *modus operandi* de su trazo agitado y rústico. Fue un autodidacta que se rehusó a pulir sus lienzos y a dejar de aplicar los colores puros sobre la tela. "Sondeemos los misterios de la técnica tan profundamente" –escribió en una carta– "que la gente se agolpe alrededor de los cuadros y jure por los cielos que no tenemos técnica alguna".

Van Gogh, desde *Los comedores de papas,* que pertenece a su etapa formativa, hasta *Campo de trigo con cuervos,* en el que ya no hay dudas sobre su estilo, practicó siempre un arte fiel a su propia verdad, la del yo y sus demonios. ¿Para qué la belleza cuando la realidad interior pugnaba por expresarse al desnudo? Presentaba un paisaje, una naturaleza muerta, una habitación, una silla, un rostro, como extensiones desgarradoras, casi gritos de angustia, de su alma convulsa. Sus cuadros comunicaban una experiencia que sólo le pertenecía a él mismo. Un ciprés no era un ciprés: era Van Gogh en llamas, pidiendo a gritos un remedio contra la desesperación.

Su carrera artística duró apenas cinco años, salpicados por crisis religiosas y emocionales. Durante ese lapso, ejerció una actividad frenética. Pintaba sin descanso, a veces a un ritmo de dos cuadros al día. En 1889 se recluyó por voluntad propia en el sanatorio psiquiátrico de Saint-Ramy-de-Provence. Padecía un severo cuadro psicótico, que incluía ataques de furia y alucinaciones. Se pegó un tiro el 27 de julio de 1890, en pleno campo, donde se sentía dueño de una "espantosa claridad".

63

¿QUIÉNES INVENTARON EL CINEMATÓGRAFO?

Como en el caso de la fotografía, detrás de la invención del cinematógrafo hay un sinfín de aportaciones técnicas que, más que a unos nombres, pertenecieron al desarrollo mismo de las ciencias experimentales. El cinematógrafo fue tan sólo un eslabón de la larga cadena de atisbos y descubrimientos científicos, muchos de los cuales no habían encontrado, a fines del siglo XIX, una justificación práctica. Sabemos, eso sí, que en 1895 los hermanos Auguste y Louis Lumière registraron la patente en Inglaterra y diseñaron de inmediato una estrategia comercial de lo más agresiva que en pocos años habría de transformarlos en poderosos hombres de negocios. Según confesó el propio Auguste, el crédito debe atribuírsele a Louis quien, tentado por la afición de su padre hacia la fotografía, desde 1883 (tenía entonces diecinueve años) se entregó por completo al estudio de la mecánica y por extender los límites técnicos de la fotografía. Auguste pertenecía al mundo de la química y la biología. Al igual que Thomas Alva Edison, los Lumière dispusieron del talento para sintetizar los conocimientos

–dispersos y provisionales– que les habían precedido. Louis conocía el teatro óptico de Émile Reynaud, una proyección de imágenes animadas, aunque dibujadas, sobre una pantalla. Y conocía el kinetoscopio de Edison, que consiguió poner una serie de fotografías en movimiento, pero con un alcance limitado a un solo espectador.

Luego de una noche de insomnio, allá por 1893, pudo resolver el problema que le planteaba sustituir el movimiento continuo del kinetoscopio por el movimiento intermitente, el principio básico del cinematógrafo. Lo consiguió empleando unas grifas que sirven para el arrastre en las máquinas de coser. Entre el 22 de marzo y el 16 de noviembre de 1895, los Lumière ofrecieron cuatro funciones privadas. El encuentro inaugural con el público ocurrió el 28 de diciembre, en los sótanos del Grand Café, en el número 14 del Boulevard de los capuchinos. Precio de entrada: un franco. El número de aquellos primeros iluminados fue de 33. Sobre una tela blanca colgada en la pared se proyectó la imagen de un tren, un verdadero tren, en marcha. Algunas damas gritaron, un caballero se deshizo en gritos de protesta. En unos cuantos días la noticia corrió de boca en boca. Lo que vino enseguida fueron largas colas y asombros en tropel: era el comienzo del cine.

64

¿LO TRIVIAL PUEDE SER UN MOTIVO
TEATRAL O LITERARIO?

Dicen que, antes de morir, mientras comía en una mesa de amigos y admiradores, tuvo un acceso de tos tuberculosa. Perdió el sentido. Dicen que al día siguiente envió una tarjeta de disculpas a sus compañeros de mesa: lamentaba su mala conducta, su falta de estilo. La anécdota pinta de cuerpo entero al cuentista y dramaturgo ruso Antón Pávlovich Chéjov. Y pinta, sobre todo, su admiración por las formas escuetas y sobrias que de cuando en cuando suelen adoptar los relatos de ciertas vidas.

Con *La gaviota,* estrenada en octubre de 1896 ante el público remilgoso de San Petersburgo, Chéjov estableció un antes y un después en la historia del teatro moderno. Rompió con el gusto de su época, rendido a los pies de la estética simbolista, obsesionada por la forma y el culto del arte por el arte. El hecho de que construyera *La gaviota* a partir de detalles en apariencia triviales y actos inquietantemente cotidianos resultó una provocación difícil de perdonar. Ninguno de sus contemporáneos comprendió la novedad de Chéjov, que consiste en dotar a lo intrascendente de una fuerte carga de sentido y valor. El teatro ya no sería el mismo pero habrían de transcurrir algunas décadas para que los escenarios europeos tomaran conciencia de esta revelación.

El peso de lo trivial también se deja sentir en sus cuentos y novelas. Chéjov escribió al modo realista. No quería ver *más allá* sino *más acá* de lo evidente. En "El pabellón número 6", "El mundo de las mujeres", "En el barranco" y "Una historia aburrida", algunos de sus relatos más celebrados, eso que se llamaría lo chejoviano aparece dotado de un poderoso significado. Leemos y creemos que ahí no pasa nada. La monotonía campea a sus anchas, la indiferencia gobierna sobre toda la sociedad. Chéjov va acumulando nimiedades hasta conformar un cuadro al natural. De pronto, y sin aviso, descubrimos que bajo ese cúmulo de nimiedades bullen tensiones y conflictos insoportables. Lo secundario se vuelve de pronto importante.

Hay mucho de melancolía y tristeza en la obra chejoviana. Mientras paseamos a lo largo de ella, por momentos abrigamos la sospecha de que el silencio es la única virtud, pues el estruendo, la grandilocuencia, en cada una de sus manifestaciones, son socios incondicionales de la vulgaridad.

65

¿QUÉ ESCULTOR MODERNO
ABRIÓ NUEVAS VÍAS DE EXPRESIÓN?

Quien haya visitado el Museo Rodin en el número 77 de la calle de Varenne, en el barrio parisino de los Inválidos, una casa construida entre 1728 y 1730 por el arquitecto del castillo de Chantilly, tendrá mucho qué decir sobre los bronces y yesos que parecen suspenderse enérgicamente en el aire.

"De lo que se trata", escribió Auguste Rodin en ese pequeño ideario que fue *Mi testamento*, es de "ser hombre antes de ser artista". Vamos, pues, burlarse del arte con los mismos argumentos del arte. En esta línea, Rodin no se limitó a repetir la lección de sus maestros –los antiguos griegos, los góticos, Miguel Ángel, los románticos–, sino que aportó un sentido único por el cual los escultores del siglo XX transitaron del pasado hacia el futuro. Se sintió más clásico que los clásicos y más vanguardista que quienes vieron en él a un demiurgo capaz de insuflar de vida a cualquier materia inerte.

El escultor Rodin perteneció a la generación de los impresionistas. Eso no quiere decir que haya seguido sus principios. Trabajó por su cuenta, sin cargo al erario de su tiempo. Además de amante de lo inacabado, estuvo obsesionado por la expresividad sufriente y desolada de la figura humana. Esculpió manos, brazos, piernas y torsos a la manera de seres que pujan por cobrar vida a pesar, o en virtud, de la roca. Contemplemos el *Monumento a Balzac, Las puertas del infierno, La meditación, Los burgueses de Calais,* guardemos silencio y hagamos el encomio de las formas fluidas, inestables y siempre abiertas. Las esculturas de Rodin nunca terminan. Se yerguen amenazadoras o cargadas de una tensión al límite para representar el mayor elogio que pueda hacerse del combate que se libra entre lo que somos y lo que quisiéramos ser.

El escultor, dijo Rodin, no moldea músculos ni cuerpos que queremos ver hermosos. Moldea la vida que los recorre. Antes de morir en 1917, dejó constancia de que su mejor legado sería aquel que se le opusiera con mayor fuerza. ¿Para qué fundar una escuela, la suya, cuando él había tomado lo mejor de la tradición sólo para traicionarla? Respetar significó un acto de rebelión y rebelarse fue resucitar a los clásicos.

¿QUÉ ES EL PSICOANÁLISIS?

Lo justo es decir que no podemos atribuirle a Sigmund Freud el descubrimiento del inconsciente, pues casi un siglo atrás los poetas románticos ya lo habían entrevisto. Lo justo es decir que Freud exploró, interpretó y codificó sus mecanismos de acción, que diseñó el método científico adecuado para penetrar en él, y que el psicoanálisis, la escuela exegética de la psicología humana que fundó alrededor de 1900, el año de publicación de *La interpretación de los sueños,* hubiera sido poca cosa sin la lectura obsesiva de Shakespeare.

El psicoanálisis es, por encima de cualquier otro argumento, un sistema terapéutico. Su objetivo, según el mismo Freud, apunta hacia el control del lado nocturno de la vida. Hay que fortalecer el Yo –la inteligencia, el autodominio–, independizarlo del Superyó –el sustrato que corresponde a la autoridad: Dios, la ley, el padre–, ensanchar su margen de visión, y extender su organización a despecho del Ello –donde prosperan las fuerzas oscuras, antilógicas, irracionales, encaminadas al placer–. Ahí donde estuvo el

Ello, estará el Yo. Se trata, por tanto, de una tarea de mejoramiento.

Freud fue un destacado seguidor de los principios racionalistas de la Ilustración. Que haya descubierto el componente oscuro de la conducta humana no significa que lo haya glorificado. Conviene asentar que estudió medicina; tuvo una formación científica y en sus inicios como investigador entabló contacto con pacientes psicóticos. Intentó dilucidar los mecanismos de la neurosis desde una óptica orgullosamente materialista. De un lado está la realidad; del otro, la ilusión neurótica. Esa ilusión engatusa al paciente haciéndole creer que la realidad es insoportable. De modo que hay que desarticular esa ilusión, conduciendo al paciente de afuera hacia adentro, hasta liberarlo de las causas inconscientes. Sólo así triunfa el principio de realidad.

Freud murió en 1939, lejos de la Viena en que nació. En sus últimos años, supuso, o quiso suponer, que el instinto de muerte es el objetivo final de todos nuestros afanes. Era una iluminación trágica, no denigratoria, sino enaltecedora del destino humano. Pues, acaso, preguntó, ¿no portamos la llama que amenaza con prenderle fuego a la civilización?

¿QUÉ ES LA LITERATURA
DE CIENCIA FICCIÓN?

La máquina del tiempo y *La guerra de los mundos,* de H. G.
Wells; *Crónicas marcianas,* de Ray Bradbury; *El invencible,*
de Stalisnas Lem; *Cita con Rama*, de Arthur C. Clarke; *Un
mundo feliz,* de Aldous Huxley; *La guerra de las salamandras,*
de Karel Capek; *El día de los trífidos,* de John Wyndham,
Todas sus criaturas, de Zena Henderson; *Yo, Robot,* de Isaac
Asimov: he aquí algunas muestras de ese género plebeyo de
la literatura, que englobamos bajo el término ambiguo
de "ciencia ficción".

Si hemos de atenernos a sus ejemplares precoces y distantes, la ciencia ficción podría remontarse hasta la *Utopía*
de Tomás Moro, pasando por Cyrano de Bergerac, Julio
Verne y H. P. Lovecraft. Si nos ajustamos al paradigma de
algo extraño que acecha en el futuro del hombre, podríamos
consignar su fecha de nacimiento en 1895, el año en que
H. G. Wells publicó *La máquina del tiempo*. Esta novela
no sólo marcó el camino; también contenía el material ge-
nético que heredarían muchas de las hijas del género. *La*

máquina del tiempo se extiende por los parajes fantásticos de la especulación científica. Participa de meras posibilidades y no de asuntos probables. El narrador, que igualmente protagoniza el viaje a través del tiempo, observa cómo unos seres de apariencia grotesca, sobradamente identificables con las antiguas clases trabajadoras, han impuesto una tiranía sobre quienes alguna vez pertenecieron a la aristocracia burguesa. Hay mucho de argumentación sociológica y mucho del temor de Wells a las dictaduras. Al final asistimos a la muerte espectacular del planeta Tierra y de todo el sistema solar.

La literatura de ciencia ficción se nutre del temor ante el otro, el que nos resulta ajeno o extraño porque no es humano. Del exterior provienen las amenazas contra la libertad y la vida humanas. Asimismo, esa literatura se alimenta de un temor próximo, inerte y mecánico pero fruto de la imaginación o la soberbia de los hombres. No hay duda de que la aplicación irresponsable de las conquistas científicas ha renovado los argumentos de nuestras pesadillas. La razón, lo sabemos desde Goya, engendra monstruos; es decir, máquinas. ¿Llegará el día en que se rebelen contra sus creadores para imponerles un yugo milenario, tan salvaje como el que ha impuesto el capitalismo sin rostro humano? En el fondo, la literatura de ciencia ficción es la rama apocalíptica de la sociología y de algunos sistemas políticos.

68

¿DÓNDE ESTÁ LA CUNA DEL JAZZ?

Un enclave portuario fundado en 1718 a orillas del Mississippi, disciplinadamente festivo, con una población que amalgamaba elementos europeos, africanos, caribeños y estadounidenses, y leyes permisivas a más no poder: en este escenario que las crónicas de fines del siglo XIX y principios del XX pintaron con tonos decadentes, un nuevo género musical vino para recordarle al mundo que el arte puede ser un mar a donde van a dar todos los ríos.

Estamos en Nueva Orleans. El ferrocarril ha empobrecido a la ciudad, que durante décadas fue la puerta de entrada al rico sistema de transporte fluvial del sur de Estados Unidos. No hay grandes expectativas de vida: Entre los negros, 36 años, y 46 entre los blancos. Para acabarla de amolar, la corrupción y la amenaza de una epidemia de fiebre amarilla han ganado tanto terreno como la extrema fascinación por los desfiles, los bailes callejeros y los burdeles. Las cosas van muy mal y, sin embargo, cualquier acontecimiento –hasta un funeral– es una oportunidad para armar una banda de metales y seguirla a ritmo de *ragtime,* una suave cadencia sincopada que rivalizaba con la tristeza reaccionaria del blues. Y estamos en 1896, o quizá en 1898. Los oídos de Nueva Orleans están abiertos a la música europea —mazurkas, pasodobles, valses, polkas— y a la autóctona, al formalismo de los clásicos y a la explosividad africana. De hecho, lo que se ha cocinado desde hace décadas es un platillo fusión. Antes de que el siglo XIX concluya, cada ingrediente se ha disuelto en ese caldo especioso.

No se conservan grabaciones pero algunos historiadores citan al cornetista Buddy Bolden como el padre del jazz. Antes de que en 1907 fuera recluido en un manicomio, donde vegetó hasta su muerte en 1931, compuso canciones mordaces, dirigidas contra la autoridad, y por supuesto prohibidas, acompañadas de una música que sonaba a ragtime y a blues pero que no era ni uno ni otro. Podemos arriesgar un origen paralelo. En su inigualable *Historia del jazz,* Ted Gioia escribe que muchos de los colegas de Golden experimentaban también con ambas tonalidades. Tales técnicas evolucionaron "hacia improvisaciones aún más libres. Lo que comenzó como experimentación terminó conduciendo a una práctica formalizada". Es decir: los músicos negros, criollos y blancos llegaron a las mismas conclusiones, a la misma hora.

69

¿CUÁNTOS ESTILOS MUSICALES
EXPLORÓ STRAVINSKI?

Suena inaudito pero fue hasta 1909 cuando Rusia formó su primera compañía de ballet. La organización corrió a cargo de un dinámico promotor con inclinaciones artísticas: Serge Diaghilev. La Compañía de Ballets Rusos tenía entre sus filas a Tamara Karsavina, Mijail Fokine, Anna Pavlova y Vaslav Nijinski. Debutó en París con *Las sílfides,* una adaptación libre de algunos arreglos de Chopin.

Son muchas las deudas que el ballet del siglo xx contrajo con Diaghilev. Habría que decir lo mismo de la música. En aquel año, Igor Stravinski apenas podía exhibir en su hoja de servicios una recomendación de su maestro Nicolai Rimski-Korsakov, una breve pieza orquestal y una elegía para violín. No sin sorpresa, recibió el encargo de Diaghilev de componer una obra destinada a montarse al año siguiente. *El pájaro de fuego* hizo del joven compositor ruso una celebridad. ¿Pero el mundo, es decir París, estaba preparado para recibir *La consagración de la primavera*? ¿Los oídos acostumbrados a la voluptuosidad de Claude

Debussy podrían entender esos ritmos asimétricos, esos silencios, esa instrumentación a intervalos, esas descargas imbuidas de gelidez mental y matemáticas?

El público que en 1913 asistió al estreno de *La consagración de la primavera* en el teatro de los Campos Elíseos no pudo con ella. No pudo con su forma de ritual primitivo ni con su revelación mayor: la síntesis entre Oriente y Occidente. Armó tal escándalo, descargó tantos gritos y abucheos que los bailarines dejaron de escuchar la orquesta. Sólo Nijinski, director coreográfico, estrella luminosa del espectáculo, y a quien ya rondaban los demonios de la esquizofrenia que tiempo después acabarían con su carrera, mantuvo la compostura.

El fracaso de Stravinski fue pasajero. Frío, triste, calculador, terminó por imponer sus reglas. A la par que *La consagración de la primavera* sembraba estupor y caos, adoptó un severo conservadurismo musical. ¿La hora de provocar había pasado? Se dedicó entonces a imitar a los viejos maestros, a Vivaldi, a Bach, hasta reducirlos a una imagen de sí mismo. Pocos repararon en el sarcasmo que suponía esa vuelta al academicismo. En 1953, cuando los jóvenes le habían perdido el respeto, se adhirió a la música serial, objeto de su desprecio. Stravinski provocador, Stravinski pendenciero.

70

¿UN VIOLÍN CUBISTA ES UN VIOLÍN?

"A mi modo de ver", declaró Pablo Picasso en 1923, "buscar no quiere decir nada en pintura. Lo importante es encontrar". ¿Qué había encontrado la pintura a principios del siglo xx?: que el arte expresa la idea que tenemos de la naturaleza, y que, por más esfuerzos teóricos que hagamos, no alude a formas concretas o abstractas sino sólo a mentiras necesarias y convincentes. Por qué la aspiración a reproducir la naturaleza cuando sus leyes son tan distintas a las del arte.

El cubismo nació cuando Georges Braque y Picasso llevaron estas certezas hasta sus últimas consecuencias. Casi puede decirse que la obsesión por el color y la forma decretó su existencia. Antes que ver, los pintores cubistas necesitaron intelectualizar el mundo. No por nada rechazaron con tanta vehemencia el mundo sensible y el de las emociones, aun si se mantenían lejos del proceso creativo, e intentaron concebir la realidad única del cuadro en términos geométricos. En un acto de franca ruptura con la tradición, renunciaron al volumen y a la perspectiva (en boga desde el siglo xv). Conformaron un nuevo espacio pictórico en el que un plano se sobrepone a otro plano, como si cada uno de ellos tuviera una función independiente del conjunto. En cambio, descubrieron que las figuras y los objetos podían representarse desde múltiples e inusitados puntos de vista. Pensemos, por ejemplo, en el cuadro *El violín* (1914) de Georges Braque. ¿Qué vemos? No un violín según podría ser percibido por nuestros ojos sino un violín según podría aparecer en nuestras mentes. Al ofrecer diferentes aspectos a un mismo tiempo genera la ilusión de artificio y fragmentariedad.

¿No es este violín más verdadero que el de una reproducción minuciosa y fiel?

La corta vida del cubismo –entre 1911 y 1914– contrasta fuertemente con la huella profunda que dejó en la pintura del siglo xx. Sus mejores exponentes buscaron y, ya que hallaron, se lanzaron a nuevas aventuras.

71

¿QUÉ DIRECTOR PUSO LOS CIMIENTOS DEL CINE?

Hay experiencias tan fuertes en la vida de una civilización... Pensemos, por ejemplo, en la génesis de un modo de expresión, pensemos en ese momento cinematográfico al que la perspectiva de los años lo considera ya un parto. 1915: el director estadounidense David Wark Griffith, nacido en el estado de Kentucky en 1875, estrenaba *El nacimiento de una nación:* doce rollos, algo inaudito; 100 000 dólares de presupuesto, una barbaridad. El monto de las ganancias: dieciocho millones de dólares. Tal récord de taquilla sería igualado hasta 1940 con *Lo que el viento se llevó.*

Lo insospechado de *El nacimiento de una nación* fue no sólo el tema –la guerra de Secesión, pintada en colores maniqueos a los que el mal, el salvajismo y la lujuria correspondían por igual a blancos y negros– sino el ritmo inédito de la acción, sin palabras, no lo olvidemos. Vayamos por partes. El filme desató protestas raciales de ambos lados: el Ku Klux Klan se puso en pie de guerra, los liberales protestaron contra la propaganda de los nostálgicos esclavistas sureños.

Por otro lado, en términos puramente estéticos inauguró un modo de ver. Griffith explotó las posibilidades panorámicas de la cámara. A través de su lente somos testigos de la marcha de los ejércitos, de estampas épicas que nos convencen a fuerza de realismo, de grandes planos que integran naturalmente los primeros planos. El movimiento arrebatado y la inmovilidad pictórica hacen una gran pareja, la misma que sigue presidiendo al cine como una de las bellas artes. Griffith fue un padre fundador. Descubrió que la cámara podía crear un espectáculo visual y que el montaje servía para narrar, tal como le enseñaron las novelas folletinescas de Charles Dickens. Una historia que transcurre frente a nuestros ojos, no en letra sino en imágenes: eso es Griffith.

No está por demás mencionar otro de sus filmes al mejor estilo del naciente Hollywood, *Intolerancia*, "drama solar de todos los tiempos", según la opinión del mismo Griffith, una megaproducción al servicio de una causa social. Con ella, la casa fue echada literalmente por la ventana: veintidós meses y medio de filmación, 100 000 metros de película y dos millones de dólares de inversión, todo ello traducido en un rotundo fracaso económico. Y qué: Griffith asentó que, tratándose del cine, incluso un revés puede saber a triunfo.

72

¿QUÉ QUEREMOS DECIR
CUANDO DECIMOS "KAFKIANO"?

Contemplemos la siguiente anécdota. El agrimensor K. llega a un castillo luego de recibir una carta de invitación para que preste ahí sus servicios. Pero resulta que la invitación es producto de un error burocrático. En efecto, hace diez años el castillo sugirió la contratación de un agrimensor. La propuesta, sin embargo, fue rechazada. Un empleado, no sabemos quién, extravió el documento en el que se asentaba ese rechazo. De modo que la carta que K. recibió no debió haber llegado nunca a sus manos. Se trata de un descuido, de un malentendido. ¿Qué pasa entonces con K.? Inicia un largo peregrinaje por las oficinas y los laberintos del castillo en busca de una autoridad que pueda revocar la orden y contratarlo. A medida que participa cada vez más de la cotidianidad del castillo, más incomprensibles le resultan las órdenes de los funcionarios, a quienes no encuentra por ningún lado. Una intraducible sospecha ensombrece sus actos: ¡el documento no existe!, ¡los funcionarios no existen! A sus ojos, el castillo adquiere entonces una personalidad irreal, inaccesible, casi teológica.

Debemos la anécdota a la imaginación febril de Franz Kafka y a su novela *El castillo* (escribió otras tres: *La metamorfosis*, *El proceso* y *América*), que concluyó en 1922. Es, a todas luces, *kafkiana*. El término, ha dicho el escritor checo, igual que Kafka, Milan Kundera, "aparece como el único denominador común de las situaciones (tanto reales como literarias) que ninguna otra palabra es capaz de captar y para las que ni la politología, ni la sociología, ni la psicología nos proporcionan la clave". Así pues, qué queremos decir cuando decimos "kafkiano".

Estamos, en primer lugar, en presencia de un poder sin rostro que, siguiendo a Kundera, "tiene el carácter de un *laberinto sin fin*". Los personajes de Kafka son marionetas de un universo intrincadamente regulado cuyas funciones dirigen instancias nada precisas. En segundo lugar, cabe suponer que si dependemos de un expediente, nada impide creer que nuestra existencia pueda extraviarse, despersonalizarse por error o descuido. En tercer lugar, lo kafkiano es inseparable de la falta de distinción entre lo público y lo privado. K., el agrimensor, necesita pertenecer al castillo. Debe pagar por ello un precio muy alto: permitir que esa arbitraria organización no le permita nunca estar solo. En realidad, decimos kafkiano cuando queremos evitar las expresiones "sociedad totalitaria" o "infierno burocrático".

73

¿CÓMO PODEMOS ACERCARNOS
A LAS CREACIONES PLÁSTICAS DE
MARCEL DUCHAMP?

En la galería Duchamp del Museo de Arte de Filadelfia se yergue *El gran vidrio,* una estructura (vamos a llamarle así) de 2.70 metros de altura y 1.65 de ancho. ¿Quién es el listo que arriesga una lectura? ¿Es un cuadro, una instalación, un objeto? Duchamp arrojó como una provocación el término *retard.* ¿De qué hablaba al utilizarlo sin asidero alguno? Los intérpretes profesionales creían que del tiempo que se dilata y se contrae cada vez que nuestra memoria se pone a interrogarlo, de la alquimia y sus fórmulas secretas para transmutar los metales burdos en oro o quizá de los atavismos inconscientes. O sea: no sabían a qué monstruo se enfrentaban. ¿Por qué no aceptar que se trataba de un juego y nada más que eso? Lo que sospechamos, pues no tenemos por qué confiar en las notas de Duchamp, es que *El gran vidrio* abundó en los mecanismos del deseo sexual.

Con Duchamp el arte visual dio un salto acrobático hacia la práctica de la provocación. O bien: "¿se pueden hacer obras que no sean obras de arte?" Esa flecha envenenada fue lanzada en 1913 y el mundo de los museos y las galerías aún sigue preguntándose cómo funciona la maquinaria incendiaria de Duchamp. Hay motivos para celebrar que haya puesto a girar a sus incondicionales y a sus detractores una vez que estableció que el artista no sabe qué hace ni por qué. Quien puede tener alguna noción del asunto es el espectador, que interpreta, evalúa y concluye, mediante los dos primeros procesos, la obra de arte. Pero, ¿qué opinión tiene el espectador del mingitorio, el portabotellas, la pala quitanieves y otros artefactos diseñados por Duchamp? ¿Que son obras de arte o que lo son porque las firmó Duchamp? Ésta es la bomba irónica que nos dejó como legado.

Si en algo apreciamos el arte conceptual, el arte pop, el *performance,* el minimalismo, el arte cinético, la multimedia, en fin, lo que cifró la sensibilidad a ojos vistos de finales del siglo xx, deberíamos volver nuestros aplausos, o abucheos, hacia Duchamp. Hay una manera de respetar la libertad artística: siendo fiel a ella. Y hay otra, la de Duchamp: siendo infiel o, igual, irrespetuoso, subversivo.

74

¿POR QUÉ DEBEMOS LEER *EN BUSCA DEL TIEMPO PERDIDO*, DE MARCEL PROUST?

En el origen de *En busca del tiempo perdido*, esa catedral novelística –compuesta por siete volúmenes– que atrapó el momento en que Francia se despedía de la *belle époque* y de los salones imperiales donde todo deseo podía ser cumplido, acechaba una pregunta: "¿No sería demasiado tarde?" Quién estaba detrás de ella. El mismo autor, Marcel Proust, el cual, a decir de uno de sus críticos más tempranos, poseía una extraordinaria agudeza "sensorial, nerviosa y cerebral que le forzaba a huir del sol y del ruido, y a forrar de corcho las paredes de su piso del Boulevard de Haussmann".

Proust tendría que cumplir 42 años para que sus amigos y la sociedad de París dejaran de creerlo un dandi suscrito al menú del hotel Ritz, un señorito mimado, una presencia encantadora y cariñosa, pero carente de futuro, que animaba las tertulias picantes de la vieja aristocracia, amenazada por el empuje vulgar y democrático de los nuevos ricos. Cuatro años atrás, en 1909, había comenzado por fin a escribir una obra, con igual aliento de *Las mil y una noches,* que fuera la historia de su vida contada a través de los momentos que la memoria le traía de manera inconsciente. En 1913 apareció el primer volumen, *Por el camino de Swan,* aunque la mitad del proyecto ya estaba sobre el papel.

En busca del tiempo perdido, que Proust concluyó en 1922, ganándole la carrera a la muerte y laborando en el silencio y en la oscuridad, puede leerse como un estudio detallado sobre la inestabilidad de los sentimientos: la única felicidad es la que obtenemos de aquello de lo que nada esperamos. Poseer es dudar, penar, consumirse de celos. Sólo renunciando al amor es posible recuperar lo que se ama. "Dejemos" –dice Proust– "las mujeres hermosas para los hombres sin imaginación". Puede leerse también como una empresa casi prometéica. Somos tiempo y, como diría Borges, el tiempo "es un tigre que me destroza". ¿Cómo oponerle resistencia, cómo contrarrestar su acción corrosiva? Mediante la escritura, la recuperación verbal de todo aquello, y todos aquellos, que le dieron forma y consistencia a nuestra vida. El tiempo perdido se transmuta en tiempo recobrado una vez que la memoria y la palabra celebran sus nupcias y el pasado vence al olvido.

Anatole France, a principios del siglo xx, confesó no haber leído a Proust porque "La vida es muy corta y Proust muy largo". En el siglo xxi esa justificación vale para dos cosas.

75

¿QUÉ LITERATURA INAUGURÓ
EL *ULISES* DE JOYCE?

James Joyce es el autor de un drama teatral, algunos poemas, un libro de relatos –*Dublineses*– y tres novelas –*Retrato
del artista adolescente*, *Ulises* y *Finnegans Wake*. Desde otra
perspectiva, y gracias a los suplicios a que debe someterse el
lector de esas dos últimas novelas, es también, y sobre todo,
un "escritor de escritores". Exceptuando a Shakespeare, no
hay un autor en lengua inglesa que haya generado tal cantidad de estudios, interpretaciones, tesis doctorales, notas a
pie de página, *joyceanos* profesionales. Igual que unos cuantos monstruos del espectáculo, al amparo de su obra han
proliferado clubes de seguidores, guardianes de sus secretos, divulgadores de su palabra. Joyce es una literatura y casi
una religión. Carece pues de importancia señalar que nació
en Dublín en 1882, que al abandonar la juventud recibió
el estigma del desterrado, que se acostumbró al éxito con
estoicismo pero nunca a las ausencias de sus amigos, y que
murió en Zurich a la edad de 58 años. Lo que en verdad
importa es que escribió *Ulises*.

De Joyce proviene la iniciativa de convertir al lenguaje en personaje de novela. En vano le exigimos mesura. Inquieto, exuberante, desbocado, arrojó a sus lectores a un torrente verbal que arrastraba juegos ingeniosos de palabras, clichés, muletillas, neologismos, palabrotas, onomatopeyas, reminiscencias libres, asociaciones poéticas, todo lo que podía caer en el involuntario flujo de la conciencia. Quizá por ello el *Ulises* resulte impenetrable o, en el mejor de los casos, atractivamente caótica. Estar a merced de un torrente indiscriminado sin morir en el intento requiere más que entrenamiento; hace falta fuerza de voluntad.

Ulises, que leemos en una semana a condición de que hagamos a un lado cualquier compromiso, es la crónica de un día, con Dublín en primer plano. Ya que adoptó la forma de una odisea, es fácil establecer que guarda contactos estrechos con Homero. Sus antihéroes, Stephen Dedalus y Leopoldo Bloom, son modernos porque intentan arrojar un poco de luz sobre su condición, y ella lo es porque transforma la epopeya en una sucesión prosaica, incluso anodina, de quehaceres cotidianos.

76

¿QUÉ IDEAS PERSIGUIÓ
EL MOVIMIENTO DADAÍSTA?

En 1916, el poeta francés Tristan Tzara fundó un grupo al que bautizó con el nombre caprichoso de Dadá. El individualismo anárquico y la rebeldía en contra de los cánones artísticos y morales eran la nota prevaleciente en una Europa que descubría con horror cómo la guerra ya no cobraba cientos sino miles de víctimas. Tres años después, el dadaísmo irrumpió en la escena cultural de París con tal insolencia que el gran público lo recibió con desconcierto e incomprensión. No pudo ser de otra manera. Sus representantes, que acababan de cumplir veinte años y de presenciar la experiencia del caos y el exterminio masivo, respondieron a su época mediante obras que expresaban la vacuidad y el sinsentido de la vida.

Ya que la ciencia estaba al servicio de la destrucción, ya que la literatura y la religión eran cómplices de los señores de la guerra, el dadaísmo tomó conciencia del fracaso de la civilización occidental y se proyectó como un movimiento escéptico que pronto se encargó de negar cualquier valor,

por más noble que hubiera sido. ¿Qué era la belleza? Nada.
¿Qué era el hombre? Nada. ¿Qué era la existencia? Nada.
¿Entonces qué sentido tenía la poesía? ¿Para qué escribir?:
para hacer volar en mil pedazos los convencionalismos,
para ridiculizar la solemnidad o el prestigio de las palabras.

La poesía dadaísta estaba llena de actos provocadores,
de gestos irreverentes y blasfemias. Representaba, no lo olvidemos, al inconformismo juvenil. Y ese inconformismo
no veneraba a la razón ni a la inteligencia, tampoco al sentimiento, sino a esa figura salvaje y primitiva que rechaza
conocer el mundo a través de los cinco sentidos: el inconsciente. Las palabras debían captar la incoherencia aparente
con la que él mismo suele trabajar. Para muestra, dejemos
hablar al poeta francés Philippe Soupault, quien en 1920
dejó caer estos versos:

El avión teje los hilos telegráficos
y la fuente canta la misma canción
En el bar de los cocheros el aperitivo es anaranjado
pero los mecánicos de las locomotoras tienen los ojos blancos
La dama ha perdido su sonrisa en los bosques.

77

¿EL SURREALISMO FUE UN MÉTODO
DE EXPRESIÓN ARTÍSTICA O UNA ACTITUD VITAL?

En 1924 André Breton acusó al dadaísmo, con el que compartió ideales, de promover el "nihilismo intelectual". Su *Manifiesto surrealista* fue una explosión en medio de la rutina general, y celebraba a tope la consigna de algunos poetas de finales del siglo XIX y principios del XX, de que había llegado la hora de transformar radicalmente el mundo. Era justo y necesario revolucionar nuestros hábitos de conocimiento y expresión de la realidad. O, en palabras del mismo Breton: "Tanto va la creencia a la vida, a lo más precario que la vida tiene, la vida *real,* se entiende, que al final se pierde dicha creencia".

En su acepción literaria, el surrealismo es un método de escritura. Los dadaístas ya habían explorado el inconsciente, pero los surrealistas llevaron esa exploración hasta el límite. Dieron así con lo que llamaron el "automatismo psíquico", mediante el cual la expresión verbal, pictórica o incluso cinematográfica, se deja llevar por el libre flujo del pensamiento, sin que intervenga la razón ni cualquier preocupación de tipo estético o moral. El poeta escucha su voz interior, la voz del espíritu, mientras permanece inmune a las influencias del exterior. De esta manera descubre relaciones ocultas entre dos realidades distintas. Mago, vidente, místico, el poeta sabe que existe una unidad esencial entre todas las cosas: los objetos, los cuerpos y las almas, por más lejanos o disímiles que parezcan, están vinculados y emparentados. Así llegamos al sentido filosófico del surrealismo, no sólo un método de escritura sino, y sobre todo, una actitud vital.

"Cuando duermo, mi garganta es un anillo con la muestra de tul", escribió Paul Eluard; "Sobre el puente se mecía el rocío con su cabeza de gata", escribió André Breton; "El delirio tiene dedos de cristal", escribió Pierre Reverdy. Las imágenes ejemplifican el principio surrealista de identidad. Al tiempo que consiguen unir términos en apariencia contradictorios, logran transportarnos a una suerte de paraíso onírico. Escribir es soñar, es inducir delirios en el lenguaje. Nada tan surrealista como la siguiente definición del conde de Lautréamont: "hermoso como el encuentro fortuito de un paraguas con una máquina de coser en una mesa de quirófano".

78

¿QUÉ FOTÓGRAFO ATRAPÓ
LA MAGIA DEL RETRATO?

El 14 de julio de 1921, el fotógrafo estadounidense Man Ray –en realidad se llamaba Emmanuel Radnistsky y había nacido en 1890– salió del puerto de Nueva York con destino a El Havre, al noroeste de Francia, ahí tomó un tren a París, donde lo esperaba su amigo Marcel Duchamp. Man Ray era un desconocido, medía 1.60 metros de estatura, apenas hablaba el francés y llevaba consigo algunas muestras de su raro talento: cuadros iconoclastas, objetos inclasificables, experimentos fotográficos. El mismo Duchamp lo introdujo en el círculo que comandaba André Breton.

¿Por qué Man Ray? En los años que se conocen como el periodo de entreguerras París, o, mejor dicho, el área parisina de Montparnasse, fue el centro de una enjundiosa actividad artística. El mundo entero se daba cita ahí: poetas, novelistas, pintores, escultores, coleccionistas, modelos, intelectuales, ganadores del Premio Nobel, críticos, diseñadores de moda, aspirantes a la obra inmortal, bellezas de aparador y hasta millonarias. Desde su llegada, y hasta su partida en 1940 tras la ocupación nazi, el ojo y la cámara de Man Ray siempre estuvieron a punto para retratarlos. Su simpatía, las maravillas de su conversación lo hicieron el punto en que confluían todas esas personalidades, celosas de sus méritos y muy dadas a romper una amistad por menos que nada. Visitar su estudio se volvió una obligación.

Man Ray quiso ser pintor pero los apuros económicos lo obligaron a emplearse como fotógrafo, un papel que no desconocía. En 1922 registró la obra reciente de Picasso misma que retrató. No tardó en hacer lo propio con la escritora Gertrude Stein, James Joyce –quien pronto publicaría *Ulises*–, Marcel Proust –yaciendo muerto en su cama–, el joven Hemingway, con quien al terminar la sesión asistió a una pelea de box, y el poeta Ezra Pound, aún cuerdo. Los retratos cubrían las paredes de la biblioteca Shakespeare & Co., propiedad de Sylvia Beach. Desde ahí irradiaban su embrujo expresivo. No captaban la fisonomía ni al cuerpo en reposo o en movimiento; captaban los trabajos del alma.

Los museos estadounidenses nunca supieron apreciar la valía de Man Ray. En cambio, los museos europeos hasta la fecha no dejan de montar exposiciones retrospectivas. Tanto quiso a Montparnasse que su cuerpo fue enterrado en el cementerio del barrio, a cinco minutos de trayecto de la Rue Campagne-Première, donde estaba su estudio.

79

¿POR QUÉ APARECIÓ LA BAUHAUS?

Una de las preguntas más acuciosas que asaltaron a los pintores al concluir el despliegue de barbarie que representó la Primera Guerra Mundial fue si el arte había estado a la altura de las mejores causas de la humanidad. Al menos para el grupo encabezado por el arquitecto Walter Gropius la respuesta desechaba cualquier objeción: no. El arte se había refugiado en una torre de marfil. Encerrado en sí mismo, se había transformado en una suerte de culto al que tenían acceso unos cuantos iniciados. Vivía en un mundo aparte, absorto en la contemplación de lo sublime.

En 1919, Gropius fundó la Bauhaus en la ciudad alemana de Weimar. Sus objetivos: restablecer la responsabilidad social del artista, superar la división estrecha entre bellas artes y artes aplicadas, combatir la noción aristocrática del arte por el arte, y, por qué no, trabajar por un futuro que aboliría la lucha de clases. Gropius halló inspiración en los gremios medievales de constructores y artesanos. Confiaba en un modelo de enseñanza que suprimiera la organización jerárquica de la academia tradicional y sustituyera los salones de clases por talleres experimentales donde los estudiantes descubrieran las propiedades útiles y prácticas de toda clase de materiales. Hoy puede cuestionarse su deseo de someter a la pintura, la arquitectura, la escultura y el diseño industrial a las necesidades arquitectónicas del entorno pero no su sueño de construir viviendas y edificios que ayudaran a hacer más fácil, y quizá feliz, la vida de sus moradores.

Por la Bauhaus pasaron Paul Klee, que enseñó tejido y pintura sobre vidrio; Moholy-Nagy, precursor de la cinética giratoria; Josef Albers, entregado a demostrar que el idioma elemental de los colores es algo que escapa a nuestro apetito racional de explicar lo inexplicable; Oskar Schlemmer, cuyos cuadros respondieron al impulso de integrar al hombre con su entorno cotidiano. Difícil concebir temperamentos estéticos tan disímiles unidos por un programa común.

El ascenso del nacionalsocialismo en Alemania desató una persecución ideológica contra la Bauhaus: en 1925 tuvo que mudarse a Dessau y en 1932 a Berlín. Finalmente, el chacal nazi Hermann Goering cerró sus puertas por servir de "invernadero del bolchevismo cultural".

80

¿CÓMO SURGIÓ EL MURALISMO MEXICANO?

El poeta y ensayista guatemalteco Luis Cardoza y Aragón, un testigo privilegiado de los movimientos pictóricos del México contemporáneo, escribió hace medio siglo: "Los tres grandes del muralismo mexicano son dos: Orozco". La frase expresaba más una predilección que un juicio de valor. Como quiera que sea, definía, por oposición, a los otros dos compañeros de ruta de José Clemente Orozco. Diego Rivera y David Alfaro Siqueiros fueron, antes que nada, pintores de caballete.

El propósito de desarrollar una obra autóctona de carácter monumental y revolucionario, inspirada en los frescos del Renacimiento, surgió en 1910 como respuesta a la caída del viejo régimen y a la irrupción de nuevos actores sociales. No germinó sino hasta que José Vasconcelos, desde la Secretaría de Educación Pública, encabezó un amplio movimiento de renovación de la cultura nacional. En 1922, la pintura mural empezó a dar sus primeros pasos. Recibió su impulso de dos fuerzas complementarias: la obligación de configurar la identidad mexicana y la necesidad de incluir al nacionalismo en el concierto moderno. Poco importa que fracasara en ambos terrenos. Descubrió y renovó el pasado mexicano, alentó la búsqueda de un proyecto histórico que respondiera a las exigencias del mundo contemporáneo.

Desde sus orígenes, el muralismo cargó un equívoco sobre sus espaldas. Fue un arte que se alimentó de ideología marxista (Orozco siempre avanzó por su cuenta), patrocinado por un gobierno que no tenía nada de marxista. Que éste condescendiera obedeció a que los muros oficiales, al representar una visión maniquea de la historia de México, le ayudaron a forjarse una fisonomía progresista.

En vano intentamos darle al muralismo un sentido de unidad. Los murales de Siqueiros en el Palacio de Bellas Artes remiten a las posibilidades escultóricas de la pintura. Los de Rivera en los dos patios de la Secretaría de Educación Pública elaboran una anécdota racionalista sin escatimar detalles. Los de Orozco en el patio grande de la Escuela Nacional Preparatoria tienen la fuerza volcánica del espíritu popular. Por donde se les mire, son frutos pródigos del inconformismo.

81

¿QUÉ NOVELISTA INGLESA NOS MOSTRÓ
LOS INTERIORES DEL YO FEMENINO?

"De hecho, en mi condición de mujer no tengo país. Como mujer no quiero tener país. En mi condición de mujer mi país es el mundo entero". Son palabras de la novelista inglesa Virginia Woolf quien, luego de las incursiones literarias de Jean Austen, a fines del siglo XVIII, Charlotte y Emily Brontë, George Sand y George Elliot durante el siglo XIX, pudo interrogar al yo multiforme de la mujer desde el mismo lado femenino. Son en verdad numerosos los que se vuelven hacia la narrativa inglesa de la primera mitad del siglo XX e invocan su nombre para festejar *Orlando, La señora Dalloway, Una habitación propia* como realidades novelísticas en las que reconocemos no el flujo libre de *una* conciencia sino de varias y distintas conciencias. Tratándose de Virginia Woolf, el plural importaba… y vaya que sí.

Aunque el movimiento feminista al terminar la Primera Guerra Mundial se había anotado algunos puntos a favor, las mujeres seguían confinadas en sí mismas. Las experiencias mundanas no dejaban de ser un coto de caza con reglas masculinas. Pensemos en las inhibiciones sociales con códigos de confinamiento hacia las mujeres y daremos con el ambiente en que se desarrolló Virginia Woolf. Su proeza fue hacer de la desventaja una fuente de creación. Sólo tuvo para ella sus propias cimas y desfiladeros interiores, se dio a la tarea de confeccionarlos a la luz de las mujeres que decían: "yo tengo algo en qué pensar".

Novelas reflexivas, novelas a muchas voces, las de Virginia Woolf son, además, un canto al acto íntimo de la lectura. Su padre, un intelectual de renombre, le concedió "la libertad de poder consultar en una amplia y completa biblioteca". Mientras leía, en Virginia Woolf crecía su sentimiento de exclusión. A veces, leer conduce a la escritura. Un libro lleva a otros libros, aun al que no hemos leído y por lo tanto debemos escribir. Como apenas tuvo trato con lo que estaba allá afuera, se dedicó a explorar lo que estaba adentro. Pero no vaya a creerse que pasó su vida en una prisión subjetiva. Por años, fue el alma del llamado grupo de Bloomsbury –en alusión a la calle en que vivía–, que todos los jueves por la noche acogía –whisky incluido– a los más conspicuos enemigos de la moral victoriana: el fino retratista Lytton Strachey, el novelista E. M. Forster, el anunciado Nobel de Economía John Maynard Keynes.

82

¿QUÉ SIGNIFICADO TIENE
EL CINE DE LUIS BUÑUEL?

En 1929 Luis Buñuel estrenó *Un perro andaluz,* su primera película. Deslumbró a los espectadores, entre los cuales se contaban algunos jerarcas del surrealismo: André Breton, Louis Aragon. Se proyectó durante ocho meses en los que —declaró el mismo Buñuel— "hubo desmayos, un aborto, más de 30 denuncias en la comisaría de policía". Un año después le tocó el turno a *La edad de oro.* Esta vez la violencia llegó al río. Los ataques de grupos de extrema derecha obligaron a que fuera prohibida por razones de seguridad pública. *Las Hurdes,* fechada en 1933, corrió una suerte parecida. Provocó la ira indistinta de republicanos y franquistas, quienes la acusaron de difamar a España. En las tres ya estaba cifrada la ambigüedad con la que el público recibiría siempre las películas de Buñuel, la última de las cuales, *Ese oscuro objeto del deseo,* de 1977, cierra con una imagen que bien podría contener a todas las anteriores: el estallido de una bomba.

En Buñuel reconocemos al artista rebelde, al urdidor de contradicciones, al creyente sin fe, al ateo que padeció espasmos religiosos. Su cine –escribió el crítico Max Aub– no se parece a ningún otro. El cine fue para Buñuel "un instrumento para expresarse a sí mismo, y no se puede buscar en él otra cosa que al propio Buñuel". La dificultad estriba en que acostumbraba prestarles rasgos íntimos a sus personajes pero no alcanzamos a identificar claramente cuáles son y con quién fueron a parar. Era autobiográfico pero no exhibicionista. Utilizó el cine para expresar su propio yo, sus batallas interiores, muchas y feroces, y para encarnar las preguntas que lo acosaron: ¿hasta dónde puede llegar el instinto humano cuando descubre que Dios no existe?, ¿perder a Dios trae como consecuencia redentora ganar la solidaridad de los hombres?, ¿hay bondad en la maldad y maldad en la bondad?, ¿cómo opera el amor en un mundo en donde Dios ya no tiene nada qué decir?

Buñuel llevaba seis años viviendo en México cuando estrenó *Los olvidados* en junio de 1952, que obtuvo un reconocimiento en el Festival de Cannes. El sindicato de maestros exigió su pronta expulsión; los nacionalistas le llamaron miserable. En 1958 desató la ira de algunos grupos católicos, ahora con *Nazarín*. Hasta su muerte ocurrida en 1983 no dejó de convocar dos sentimientos encontrados: el de la admiración y el de la incomprensión.

83

¿QUÉ ESCRITOR ALEMÁN
CULTIVÓ LA NOVELA DE IDEAS?

El insuperable crítico francés, hijo de judíos vieneses, George Steiner, lo describió como "un hombre almidonado por la solemnidad pública de su comportamiento". Ya que tenía una misión, la de profeta y dedo acusador del pueblo alemán, su escritura debía avanzar al parejo de unas costumbres ejemplares. Como se creyó un autor clásico antes de ponerle punto final a su obra, pontificaba a despecho de su inteligencia. Fue farragoso, helado, pomposo y tieso y, a pesar de todo ello, un gran novelista. Qué importan su tono grandilocuente, su lucidez oratoria, seguimos leyéndolo.

Thomas Mann es el autor de al menos cinco novelas que no pueden faltar en nuestra biblioteca: *Los Buddenbrook*, *La montaña mágica*, *Muerte en Venecia*, *Tonio Kröger* y *Doctor Fausto*. Un aliento las unifica: la necesidad de traducir los componentes irracionales, o demoniacos, de la cultura alemana a términos racionales. La magnitud de tal empresa necesitaba ante todo una fuerte oleada de veracidad, capaz de reproducir la atmósfera y el espíritu de una época. Así es, consideradas desde una perspectiva histórica, esas novelas narran la decadencia de un grupo particular, el de los poderosos ligados al poder. Son, por derecho propio, un epitafio, una condena, una hazaña crítica. Thomas Mann admite una lectura sociológica y, por supuesto, política. En 1933, acosado por el aparato nazi, abandonó Alemania para establecerse primero en Francia, luego en Suiza y, por último, en Estados Unidos. Alemania, según confesó, no le había dado nada y nada le había pedido; era "algo completamente ajeno".

Hijo de una familia aristocrática, Mann padeció la propaganda que ligaba la perfección racial y cultural a lo germánico. ¿Qué hizo frente a eso? Escribir. ¿Sobre qué? Sobre una Alemania que era a la vez una enfermedad venérea y una cantata de Bach, sobre la confluencia de lo mejor y lo peor. Los antiguos griegos establecieron una frontera entre lo apolíneo y lo dionisiaco. Aquél solicitaba la razón; éste la furia, el arrebato, el éxtasis. Mann noveló la pugna entre uno y otro temperamento cultural. Obligó a sus personajes a portar y discutir ciertas ideas, con rica elocuencia. Qué pesado y, sin embargo, qué admirable.

84

¿QUIÉN DESCUBRIÓ
EL INCONSCIENTE COLECTIVO?

No bien Freud escribió su testamento intelectual, donde establecía claramente los nombres y las obligaciones de sus herederos, sobre el psicoanálisis se libró una guerra civil con un saldo a favor de los ortodoxos, es decir, de los discípulos que estiraban al máximo la idea de que el estudio de la conducta humana –y, sobre todo, de sus anomalías– debía por regla conducirse desde una perspectiva sexual. La neurosis tiene que ver con el sexo… y la felicidad y la creación artística y el sentido del humor y hasta la religión.

De entre los heterodoxos, Carl Gustav Jung fue, si no el más aventajado, sí el más original. Nacido en 1875, abrazó el psicoanálisis. Creció escuchando a Freud, exploró el inconsciente, pero no tardó mucho en fundar su propia herejía. Hacia 1909, mientras el maestro exponía su teoría en Estados Unidos y se llevaba el aplauso unánime, Jung comenzó a poner en duda que la neurosis fuera necesariamente un conflicto que se remontaba a la infancia. Tres años después lanzó un buscapiés cargado de TNT: y ¿qué tal si también podía originarse en la edad adulta?, es decir, y ¿qué tal si no se relacionaba con el sexo, qué tal si correspondía a una múltiple variedad de sentidos?, ¿qué tal si el inconsciente escondía *algo más?* ¿El inconsciente del inconsciente?

Los psicoanalistas freudianos, que tienden a explicar la conducta humana a partir de una serie de contenidos que el individuo adquiere empíricamente, se alarmaron frente al "misticismo" de Jung. Según él, bajo el inconsciente subyace un estrato donde se ha depositado toda la memoria biológica, cultural y espiritual de la especie humana. Ese estrato, el *inconsciente colectivo,* es un "tesoro prodigioso" que nuestros antepasados nos legaron por vía genética. ¿Existe prueba de ello? Sí, dice Jung. Los mitos —narraciones que se remontan al origen humano o divino de una costumbre, un ritual, una norma social, política, religiosa— se repiten aquí y allá, sin atender al tiempo ni a la geografía. Sus temas son del dominio común y modelan nuestros deseos. Arquetipos, les llamó. Somos lo que fuimos, en todos los lugares, en todas las épocas, antes siquiera de haber sido soñados.

En su búsqueda, Jung se interesó por la alquimia, la filosofía oculta y las mitologías orientales y occidentales. Murió en 1961, acusado de oscurantismo por los freudianos. Como hombre del siglo XX, le sentó mejor el renacentista siglo XVI.

¿HAY ALGO DE ABSURDO
EN EL TEATRO DEL ABSURDO?

Qué ironía: uno de los renovadores del teatro francés del siglo XX fue rumano. Nació en Rumania pero el francés fue su lengua materna. Vivió su niñez en Francia pero sus experiencias vitales ocurrieron en Bucarest, que antes de la Segunda Guerra Mundial ostentaba el mismo aire cosmopolita de París. Ahí, en Bucarest –o en París–, América, Oriente, el pasado clásico, y el pasado y el presente francés se hallaban al alcance de la mano. En 1930 aquello era "una orgía de cultura". Eugène Ionesco tenía entonces 21 años y compartía los intereses de otros dos rumanos universales: Mircea Eliade y Emile Cioran.

El futuro renovador del teatro francés volvió a su patria espiritual en 1940, huyendo del fascismo. Creía estar hecho para la corrección de pruebas, la traducción y hasta la novela. ¿Y para el teatro? Qué era eso. Sin embargo, en 1949 sometió a escena *La cantante calva,* una pieza en verdad desconcertante, sin personajes ni trama. A Los Noctámbulos, en el Barrio Latino, acudió lo más selecto de la intelectualidad parisina, descontando a Sartre, víctima de los celos por anticipado. Aquel 11 de mayo de 1950 Ionesco estableció sus reglas: el lenguaje convencional ha servido para embrutecer al género humano; así de que ha llegado la hora de que sea llamado a juicio. ¿Cómo? Exhibiendo sus disparates, sus estúpidas enseñanzas. Vendrían *La lección*, *Las sillas*, *El maestro*, *El rinoceronte*. ¿Qué tenían en común? La certeza de que la experiencia interior, el desamparo y la soledad a la que arrastró la barbarie en *technicolor* del Tercer Reich y el imperialismo soviético, no necesitaban expresarse a través de las palabras, las palabras de siempre. Frente a la extrañeza del hombre por lo que pasaba a su alrededor, nada mejor que otra extrañeza: la de un personaje en el escenario totalmente volcado hacia sí mismo, sugiriéndole a los espectadores que se sumaran a su profesión de duda. ¿De modo que nuestros gestos, nuestras palabras, no significan nada? No. Sólo están gastados. Que hayan alcanzado tal estado sugiere, porque el teatro de Ionesco era enemigo de las afirmaciones, que el derrumbe de las convicciones acepta a fin de cuentas un premio cuando cae el telón: la risa que celebra su propia risa.

86

¿DE QUÉ TRADICIONES PROVIENE
EL MEJOR REPRESENTANTE
DE LA ARQUITECTURA MEXICANA?

El arquitecto jalisciense Luis Barragán acababa de cumplir 80 años cuando en 1982 recibió el premio Pritzker, algo así como el Nobel o el príncipe de Asturias. Ningún mexicano había recibido una distinción semejante (traigamos hasta acá los nombres del japonés Tadeo Ando, el italiano Aldo Rossi, el brasileño Oscar Niemeyer para darnos una idea somera de lo que eso representa).

El arte de Barragán es connaturalmente sintético. Integra en un mismo impulso la serenidad de las construcciones moriscas del sur de España y de los pueblos del norte de África y Marruecos, y el aliento popular del occidente mexicano. Entre unas y otro existen lazos estéticos y espirituales: la certidumbre de incorporar los trabajos humanos al paisaje circundante, la utilización de elementos que forman parte de la vida cotidiana de los moradores, el amor a los trazos limpios de los muros exteriores y a la paz meditabunda de los espacios interiores. Sus patios, sus jardines, sus fuentes tienen la misión de significar zonas de recogimiento. No son elementos decorativos; son tributos a la soledad y al silencio.

A partir de 1928, Barragán empezó a construir casas en las nuevas colonias y en los barrios céntricos de Guadalajara. El empleo de azulejos, mosaicos, tallas de madera, rejas forjadas, surtidores de agua prueba que desde sus primeros trabajos buscó inspiración en los artesanos de Jalisco. Cuando proyectó la residencia de Gustavo R. Cristo sabía muy bien que estaba reinterpretando la geometría andaluza y magrebí. Ocho años después se instaló definitivamente en la Ciudad de México. Los edificios de apartamentos en la colonia Condesa y Cuauhtémoc, su casa de Tacubaya, el proyecto de planificación y urbanismo de Jardines del Pedregal y Las Arboledas, la casa Gálvez en Chimalistac alientan "la idea de trasponer al mundo contemporáneo las lejanas añoranzas cargadas de nostalgia".

Luis Barragán se mantuvo siempre al margen de grupos y conventículos. Jamás se sintió llamado por el arte comprometido, ni por las corrientes oficiales. Felizmente para México y sus atmósferas urbanas, comprendió que el interés social de la arquitectura no justifica la sordidez o la fealdad.

87

¿CUÁL HA SIDO EL MÁS GRANDE CÓMICO
DE LOS ESCENARIOS ESTADOUNIDENSES?

"El matrimonio es la causa principal del divorcio". "Cualquiera que se case por tercera vez no merece nada y eso es lo que obtendrá". "Se cogen de la mano porque tienen miedo de matarse si se sueltan". "¿Cómo esperan que sea gracioso a las ocho de la mañana?" "No cobro en dólares. La señora de la casa me permite acostarme con ella". "Estimada Junta: no quiero pertenecer a ningún club que me admita a mí como miembro". "Soy marxista de la corriente de Groucho". "Si ya estabas enterado, por favor devuélveme el dinero que ha costado este telegrama". Las frases pertenecen al cómico más agudo, excéntrico e impredecible en la historia del teatro de vodevil, el cine, la radio y la televisión estadounidenses: Julius H. Marx, alias Groucho Marx.

¿Cuál era el secreto de su comicidad? En 1958, cuando ya Groucho arrastraba su sombra, un grupo de críticos ingleses discutió para la BBC qué insignia debía portar un gran cómico para diferenciarse simplemente de un cómico. Uno de ellos sostuvo que, por muy gracioso que fuera, un cómico no podía ser grande si su actuación carecía de sentimiento. "Con una excepción", replicó otro participante. "Creo que Groucho Marx es un gran cómico y carece de sentimientos". La anécdota fue registrada por Arthur Marx, hijo y biógrafo de Groucho, y acierta. Un hombre frío y sin corazón: gracias a esta caracterización Groucho acuñó un estilo revolucionario de hacer comedia. ¿O acaso la carcajada que arranca el actor que sale a escena con ropas convencionales no es más auténtica que la de aquel con un vestuario estrafalario y maquillaje circense? *Pistoleros de agua dulce*, *Sopa de ganso*, *Los cuatro cocos*, y, por encima de ellas, *Una noche en la ópera*, validan este aserto. Algunos maestros probados –Chaplin, Woody Allen– tienen una comicidad virtualmente finita. No conocen, como Groucho, el misterio de la improvisación.

Para muestra el siguiente diálogo, representado en un juzgado, en la ceremonia de matrimonio de Groucho Marx con Ruth Johnson, su primera esposa:

"–Estamos reunidos aquí para unir a esta pareja en sagrado matrimonio.

"–Será sagrado para usted, señor juez, yo tengo otras ideas al respecto.

"–Julius, ¿tomas a esta mujer por esposa?

"–Si ya he llegado hasta aquí, cómo no voy a seguir hasta el final".

88

¿QUÉ IMAGEN DEL HOMBRE NOS HEREDÓ
EL EXISTENCIALISMO?

A fines del siglo XIX la cultura occidental, con la literatura a la cabeza, experimentó una sensación de crisis acompañada por un cansancio –¿o conviene decir hartazgo?– espiritual y moral. Cundía una actitud de rechazo a toda forma de autoridad, de reblandecimiento de la fe religiosa, de incertidumbre frente a la determinación de los fines e indiferencia ante la corrosión de las costumbres públicas. La brújula ya no apuntaba hacia el norte. Los mismos artistas bautizaron esa actitud con el nombre de "decadentismo".

Dice el filósofo italiano Norberto Bobbio que el decadentismo estuvo en el origen de la escuela existencialista. O, mejor dicho, que el existencialismo fue la consagración teórica de los hábitos y gustos decadentistas. Al concluir la Segunda Guerra Mundial, se agudizó la sensación de crisis. Nunca antes las preguntas filosóficas, ¿la vida vale la pena ser vivida? y, si era así, ¿qué razones tenemos para vivir?, ¿por qué y para qué vivimos?, habían reclamado una solución tan urgente. Lo que sacude nuestra atención es que los existencialistas –desde Søren Kierkegaard hasta Karl Jaspers, Albert Camus y Jean-Paul Sartre–, en vez de urdir un sistema de pensamiento que confrontara o de perdida mitigara la crisis, se dedicaron brillantemente a exacerbarla. Eligieron la desesperación y no la esperanza, no la armonía sino el quiebre entre ser y existir, no el gozo ante la contemplación de esa maravilla que para los renacentistas fue el hombre sino la angustia.

Somos en la medida en que actuamos; es decir, las normas, los valores son una creación individual. Lo único que se nos ha concedido de antemano es la libertad. Estamos condenados a ser libres y debemos elegir a pesar de la vanidad de nuestros actos. Porque nada tiene sentido dirigimos la voluntad hacia nosotros mismos y nos topamos con el vacío. ¿Hace falta insistir? Somos, escribió Sartre, una "pasión inútil". Después de 600 años de fatigas, si tomamos el humanismo del siglo xv como punto de partida, nos habíamos reducido a *eso*.

El existencialismo fue la última carcajada estruendosa del pensamiento occidental. Sobre sus restos se erigieron el movimiento *hippie* y las protestas estudiantiles de la década de los años sesenta, las mejores letras de Bob Dylan y la liberación sexual.

89

¿QUIÉN MATERIALIZÓ POR PRIMERA VEZ
EL MIEDO EN EL CINE?

Dirigió su *opera prima* en 1925, *El jardín placentero,* cuando el cine aún no tenía palabras. Luego fue de un lado para otro, consiguiendo aplausos y abucheos, en partes iguales, hasta que el sonido llegó a la pantalla e impuso su norma. El maestro del suspenso nació para nosotros con *Treinta y nueve escalones*, en 1935: un homenaje a la sorpresa que nos aguarda en donde menos lo imaginamos.

Alfred Joseph Hitchcock, que nació en Londres en 1899, recibió una educación jesuita en toda regla y, por fortuna, no fue ingeniero, como pretendía su padre, sino un cineasta con una enorme capacidad para adaptarse a las circunstancias adversas, a las que sabía sacarles jugo sin traicionarse a sí mismo. Hitchcock labró su estilo entre 1929 y 1939, en que dirigió quince películas, algunas de las cuales –*Chantaje, El hombre que sabía demasiado* y *Sabotaje*– continúan arrojándonos al borde de la butaca. Lo que vendría después ya estaba ahí. Su producción hollywoodense, que inició en 1940 con *Rebeca*, no fue más que una reelaboración, y a veces incluso una readaptación, de los años ingleses; a ellos debemos remontarnos si queremos conocer la salida de sus laberintos policiales.

El nombre de Hitchcock alude por antonomasia a un mundo en que el crimen y la monstruosidad moral son el preludio de un hecho ominoso que pende y se demora sobre nosotros. Me refiero al miedo. Bien a grandes dosis, o suministrado gota a gota, el miedo tuvo que esperar hasta Hitchcock para dejar de ser una sospecha, una idea precaria, una verdad inestable y materializarse en un objeto, una persona, un acontecimiento determinado. Pero ese miedo no hubiera podido provocar la tensión deseada si no hubiera tenido a su disposición una obediente maquinaria técnica. Del miedo como una de las bellas artes y de un lenguaje visual que raya en el virtuosismo nacieron al menos tres obras maestras: *Cuéntame tu vida,* de 1945; *El tercer tiro,* de 1955; y *Vértigo,* de 1958.

Fue el crítico francés Alexander Astruc quien señaló primero la carga ética del cine de Hitchcock: el crimen "no representa para los personajes hitchcockianos más que una prueba deliberadamente escogida, porque es la más dura y porque representa la más vertiginosa situación en que puede ser colocado un ser". La moral, en efecto, es el máximo misterio por resolver.

90

¿CUÁL FUE LA NOVEDAD DEL TEATRO
DE BECKETT?

Así podemos resumir *Soplo,* un drama sin palabras que Samuel Beckett estrenó en el Teatro Edén de Nueva York, en 1969: se alza el telón; sobre el escenario oscuro se extiende lo que parece ser un terreno lleno de basura y escombros; a continuación, un altavoz oculto reproduce el llanto de un bebé seguido del efecto amplificado de una profunda aspiración; mientras tanto, la luz llega a su punto de intensidad más alto; una vez que dejamos de oír la aspiración, la luz comienza a descender; hay un momento de silencio; de pronto, irrumpe el efecto amplificado de una profunda expiración; cuando ésta por fin cesa, la oscuridad vuelve a cubrir el escenario; silencio; cae el telón. ¿La vida? Sí, la vida según Beckett: el soplo entre un parto difícil y una tumba.

Aunque decirlo parezca una desmesura, esta obra, infinitamente breve, contiene muchas de las claves irremplazables del teatro de Beckett: una visión concentrada de la existencia humana, perfilada mediante unos cuantos elementos; la sospecha de que las palabras son el único hecho que ocurre entre el instante del nacimiento y el de la muerte (si uno y otro son silencio, ¿qué media entre ellos?), una pregunta sin respuesta acerca de la duración del presente.

Beckett nació el 13 de abril de 1906. Irlandés, de un pueblo, Foxrock, desde el cual se contempla Dublín, admiró y conoció a Joyce. Su trilogía novelística —*Molloy*, *Malone muere*, *El innombrable*—, escrita en francés de 1947 a 1950, sin duda hace pensar en su maestro y, sobre todo, en lo que él mismo hubiera logrado en ese terreno si su teatro no hubiera establecido un parteaguas. Beckett es el autor de tres piezas (hay más pero en el segundo escalón, y algunas radiofónicas) demoledoras: *Esperando a Godot, Fin de partida* y *La última cinta de Krapp*. Estrenó la primera en 1953, la segunda en 1957 y la tercera en 1958. ¿Cómo contraerlas en una nuez? Sus protagonistas, variados y multiformes, están condenados a interpretar y articular la misma historia, una y otra vez. Son hombres y por tanto deben agarrarse de las palabras, mientras las haya.

Que Beckett sea un autor de cabecera se debe a que la pregunta a la cual siempre regresan sus obras siga mordiendo nuestras conciencias igual que un gusano: ¿cómo vindicar la esperanza cuando a nuestro alrededor sólo hay basura y escombros?

91

LOLITA, DE VLADIMIR NABOKOV, ¿ES UNA NOVELA PORNOGRÁFICA?

Hay dos clases de novelistas: los que solapan al lector y los que no están dispuestos a brindarle ninguna concesión. Vladimir Nabokov pertenece a los segundos. Lo más curioso es que su novela más popular, y estudiada, sea una de las que pone menos trampas y escollos en el camino. *Lolita* se deja leer, y muy bien, lo que no ocurre con *Pálido fuego* y *Ada o el ardor,* sofisticadas, eruditas, severas y, al mismo tiempo, renuentes a dejarse besar por inexpertos.

Es tan audaz como literario que el argumento de *Lolita* continúe removiendo las entrañas de la moral estadounidense y, por ende, occidental: el cuarentón Humbert Humbert –que además lleva el papel de narrador– acosa, seduce y maniata sexualmente a su hijastra de doce años, Dolores Haize. Constreñido de esta manera, parecería ser uno de esos motivos utilizados por la industria pornográfica para hacernos creer que nuestra curiosidad sólo se satisface ante las evidencias. Si algo lo volvió materia de elaboración y reflexión artística es que cayó en manos de Nabokov, uno de los grandes escritores del siglo XX. Sólo él pudo bordar finamente sobre una prohibición y una monstruosidad como la pedofilia y lo llevó a cabo con una prosa perfecta, sustentada en el equilibrio entre la refinada ironía y la sordidez. Humbert Humbert –señaló el escritor inglés Martin Amis– "es, sin duda alguna, un pervertido en el sentido más clásico: carece de escrúpulos, recurre a la astucia y a la superchería para lograr sus fines y (sobre todo) cuida mucho los detalles". Lolita es una nínfula triste, ordinaria y convencional. Hasta es posible –no olvidemos quién sostiene la voz narrativa– que sea una creación delirante de Humbert Humbert.

Nabokov escribió sus primeras novelas en ruso, su lengua original. Adoptó el idioma inglés tan pronto arribó a Estados Unidos huyendo de la barbarie nazi (en 1919 su familia había abandonado Rusia para ponerse a salvo de otra amenaza: los bolcheviques). Otros, como Beckett y Conrad, protagonizaron un destierro semejante. Fue un virtuoso en ruso y un innovador en inglés. Quien haya leído *Lolita* (y a su ancestro, *El hechicero,* engendrado veinte años antes), lo sabe.

92

¿EL PRIMER FILME DE ORSON WELLS
TAMBIÉN FUE EL MÁS GENIAL?

La industria del cine lo maldijo y lo expulsó de su paraíso incontables veces. Fue vapuleado por la crítica, excomulgado por los productores y ninguneado por un público que nunca estuvo en condiciones de entender su maravilloso lenguaje. Concluyó su carrera exhibiendo sus filmes ante un humilde grupo de conocedores, para los que seguía siendo "el niño prodigio más viejo" del cine. A la mesa de su casa acudían Maurice Ravel e Igor Stravinski, atraídos por las delicias culinarias que preparaba su madre, una bella soprano. Desde niño supo los inconvenientes de gozar de mala reputación, atizada por una memoria de elefante y un insolente manejo de la ironía. Años después, su amigo Richard Wright lanzó la advertencia siguiente: "Un Orson Wells es bastante. Dos acarrearían, sin duda, el fin de la civilización".

Tras fundar una compañía teatral y aterrorizar a Nueva York con su adaptación radiofónica de *La guerra de los mundos* de H. G. Wells (los escuchas tomaron por cierto que los marcianos habían aterrizado en Nueva Jersey, lo que provocó un cuadro dantesco de histeria colectiva), Orson Wells llegó a Hollywood a la edad de 25 años, contratado para rodar un filme al año. Su contrato establecía que podía desempeñar el rol de productor, director, guionista, actor, lo que quisiera, y que ningún ejecutivo de la compañía RKO Radio interferiría en las realizaciones. ¿Cuándo se había visto un despropósito semejante?

En 1941, *El ciudadano Kane*, que Wells definió como "el retrato de la vida privada de un hombre público", llegó a las salas de exhibición. Pocos llegaron a entenderlo, en especial porque es un despliegue de ambigüedad creadora. En dos horas, Wells hace el elogio del magnate egoísta y la diatriba contra la mentalidad capitalista, defiende el individualismo y condena la egolatría, celebra la libertad de prensa para de inmediato declararla inexistente; detesta lo que quiere y a la vez se lanza en su busca porque sin eso su cine carecería de objetivo. G. Caín, el heterónimo que el escritor cubano Guillermo Cabrera Infante creó para expresar sus opiniones críticas sobre cine, supo, en una frase, capturar la esencia de *El ciudadano Kane:* "es esa obra maestra que uno espera como la suma final de la obra de un artista y nunca al principio, generadora de la carrera del artista".

Wells, parafraseando a Borges, no fue inteligente; fue genial. Ese pecado suele pagarse caro en Hollywood.

¿EL ARTE *POP* FUE EN VERDAD
UNA MANIFESTACIÓN POPULAR?

Abrumado por el dominio que el expresionismo abstracto ejercía hacia la mitad del siglo xx, Roy Lichtenstein, uno de los padres del movimiento pop en Estados Unidos, declaró: "el arte se ha vuelto extremadamente romántico e irreal, se nutre de sí mismo, es utópico, y, al mirar al interior, tiene que ver cada vez menos con el mundo". Ya iba siendo el momento de dejar de mirar a través de un prisma intelectual.

Pero más que una revuelta contra el principio de irrealidad, el arte pop significó el descubrimiento de las posibles cualidades estéticas de los objetos emblemáticos de la sociedad de consumo. Su desparpajo procedió no tanto de la negación o la rebelión como de cierta actitud conformista. No derribó antiguos ídolos; sólo consagró a los que estaban a la mano: los carteles publicitarios, el cómic, las estrellas de Hollywood, la parafernalia bélica y automotriz, el rock and roll, los objetos-sinónimo del éxito social, el sexo como metáfora del confort y el dinero como materialización omnipotente del sueño americano.

Parece necesario recordar que floreció en dos de las capitales financieras y comerciales de Occidente: Londres y Nueva York. Aquélla fue la cuna de Eduardo Paolozzi, Richard Hamilton, Peter Blake y David Hockney; ésta la de Roy Lichtenstein, Claes Oldenburg y Andy Warhol. Visto como una expresión angloamericana, el arte pop parece demasiado comprometido con el presente. Sólo *está ahí*, sin pasado ni futuro. ¿O qué son esas latas de sopa Campbell's, esas botellas de Coca-Cola reproducidas en serie, esos retratos inertes de Mickey Mouse; Elvis Presley posando con la gracia artificial de un muñeco de cera? Son sólo fuegos de artificio, gestos pasajeros.

Pop es una abreviatura de *popular*. ¿Quiere decir entonces que el arte pop satisfizo necesidades profundas, que llamó a la puerta del inconsciente colectivo? No. En realidad, acogió algunos elementos de la llamada cultura de masas con una desganada intención decorativa. Con él murió una larga tradición ligada a la crítica y a la búsqueda de sentido. En 1967, cuando Andy Wharhol concluyó su serie dedicada a Marilyn Monroe, presenciamos la conversión de la obra de arte en mero objeto o apenas mercancía.

94

¿CÓMO SE INTEGRA LA ESCULTURA
AL ESPACIO EN QUE HABITA?

Cuando cursaba el cuarto año de la carrera de arquitectura en la Universidad de Madrid, Eduardo Chillida quemó
sus naves e ingresó a una escuela privada donde comenzó a
dibujar y a esculpir. Un año después, en 1948, se trasladó a París. De aquella experiencia datan sus primeros encuentros cercanos, meramente decorativos, con el yeso y
la piedra. Desde entonces, y hasta el 19 de agosto de 2002,
el día de su muerte en la ciudad natal de San Sebastián, su
obra aspiró a conciliar las formas animadas o talladas por el
hombre con el espacio que las hospeda.

Tenemos ante nosotros a un escultor que en sus orígenes se sintió fuertemente cautivado por el cuerpo femenino.
Aquellas piezas de sus años formativos carecían de rostro
pero no de voluntad: la piedra parece pugnar por seguir
perteneciendo al mundo natural y resistirse a fundirse en lo
humano. Chillida destruyó gran parte de ellas. Y tenemos
ante nosotros a un escultor que ha reflexionado acerca de la
dureza –física y emotiva– del hierro. A su regreso a España

en 1951, inició con él una lucha y un diálogo simultáneos. Entre 1954 y 1966 realizó diecisiete versiones de *Yunque de sueños*, título que revela sin rodeos la naturaleza dual de su arte. Lo que se antoja inflexible comparte lugar con aquello que cambia a cada instante y luego se evapora: el volumen se transforma en vacío y el vacío tiene peso y presencia. Su estilo fue a menudo concentrado, libre y metafórico, y manifestó una predilección casi poética por hacernos participar del misterio de la metamorfosis. A partir de 1967 se entregó a la madera, el acero, el granito y el alabastro, sin desistir del hierro. Las series *Peine de viento* –un desafío al mar del país vasco–, *Rumor de límites* y *Canto rudo* tomaron ese derrotero. Chillida no se conformó en estas esculturas con humanizar los materiales. Quiso olerlos, escucharlos, interpretar sus silencios. Y, por supuesto, quiso también dejar en claro que lo suyo no era la geometría, las áreas confinadas a una fórmula y homogéneas.

Luego de la caída del Muro de Berlín, Chillida instaló una escultura doble en los jardines de la nueva cancillería alemana. Es monumental: treinta, cuarenta toneladas de peso. Que así fuera no obedeció a un gusto arbitrario. Es lo que es el espacio que habita y el espacio es ella pues participa de sus cualidades.

95

¿POR QUÉ BORGES ES UN ESCRITOR
TAN IMPORTANTE?

En su irresistible ensayo "Nueva refutación del tiempo", escribió: "El tiempo es la sustancia de que estoy hecho. El tiempo es un río que me arrebata, pero yo soy el río; es un tigre que me destroza, pero yo soy el tigre; es un fuego que me consume, pero yo soy el fuego. El mundo, desgraciadamente, es real; yo, desgraciadamente, soy Borges". ¿Cómo permanecer inmune frente a quien fue un río, un tigre y un fuego y a veces se llamó Jorge Luis Borges, fatigó las bibliotecas y allá por 1923, cuando apareció *Fervor de Buenos Aires*, comenzó a desempolvar la lengua castellana, enseñándole el juego de la ironía y el ajedrez verbal?

Todavía hoy se levantan voces acusándolo de "extranjerizante" o reduciéndolo a un hecho sintáctico en la historia de la literatura. ¿Cómo juzgar en serio a quienes lo juzgan mientras lo descalifican sin otro instrumento que una patriótica emisión de vituperios contra el cosmopolitismo? En Borges reconocemos al narrador, al poeta, al hacedor de ensayos breves que procuraron ofrecernos un barrunto de la belleza mediante ingeniosas y exquisitas paradojas; y, sobre todo, reconocemos un *estilo*. No es fácil sustraerse a la tentación de imitar su escritura elegante, sobria, concisa. Esa escritura lo indujo a confundir todos los géneros –un relato aparece de pronto bajo la forma de una disquisición estética, una pequeña ficción se presenta a la manera de una biografía imaginaria, un cuento sirve para reflexionar acerca de la eternidad –y a honrar todas las tradiciones– las de Oriente y las de Occidente, las del pasado remoto y cercano, las científicas, literarias, filosóficas, religiosas. Se antoja natural que sus temas predilectos fueran la naturaleza del tiempo, el azar, la identidad personal, la creación y la caída del universo, la postulación de la realidad.

Ficciones, *El jardín de senderos que se bifurcan*, *El aleph*, *Otras inquisiciones*, *El otro, el mismo* fueron algunos de sus títulos. En una hipotética isla desierta no podría faltar alguno de ellos, e incluso la producción completa. Pasa con Borges que no sólo nos aficionamos a sus libros sino a cada página, a cada frase que siempre se resuelve brillantemente. Nos gusta el bosque, el árbol, la rama y la hoja. Para fortuna de los lectores, nunca resulta imposible. Como escribió el narrador mexicano Juan José Arreola: "Lo primero que me trae a la mente el nombre Borges es la fantasía dentro de los límites de lo posible".

96

¿QUÉ SE ENTIENDE POR
"*BOOM* LATINOAMERICANO"?

Algo muy importante sucedió con la narrativa en América Latina en cuanto Jorge Luis Borges publicó *Ficciones* en 1935 y Juan Carlos Onetti *El pozo* en 1939: dejó de ser "latinoamericana", de obsesionarse con la realidad inmediata o de responder a ella sirviéndole de emisario, para volver los ojos hacia el espacio interior, hacia mundos que importaban por sí mismos o hacia la exploración del lenguaje. A diferencia de lo que pasó durante el siglo XIX y principios del XX, la uniformidad cedió el paso a la diversidad de procedimientos, estilos, temas y puntos de vista. Uno se siente tentado a decir que a partir de entonces los narradores dejaron de pertenecer a *determinada* literatura para convertirse, cada uno a su manera, en *una* literatura. Ni siquiera cuando su asunto ha sido América Latina han cedido a la tentación de tomarla como fin de sus novelas y relatos. La han representado, interpretado, imaginado (psicológica, fantástica, míticamente), reinventado.

En la década de los cincuenta asistimos al maravilloso espectáculo de libros enigmáticamente originales o extraños a los que respaldaba un riguroso arte de la composición. Alejo Carpentier con *El reino de este mundo* (1949), Julio Cortázar con *Bestiario* (1951), Juan Rulfo con *Pedro Páramo* (1955), João Guimarães Rosa con *Gran sertón: veredas* (1956) y Carlos Fuentes con *La región más transparente* (1958) siguieron el ejemplo universal de Borges y Onetti. Mientras en Europa la novela se daba por muerta, en América Latina ésta sabía muy bien lo que hacía; su novela era una fiesta.

Vino entonces 1963, el año de aparición de *La ciudad y los perros* de Mario Vargas Llosa, y luego el mágico 1967, con Gabriel García Márquez y *Cien años de soledad* al frente. Lo que vino a continuación fue una criatura inefable a la que la propaganda bautizó metódicamente con el nombre de *"boom* latinoamericano", es decir, todo lo que había ocurrido desde Borges hasta donde fuera posible. No un magma literario, no el elogio de las mil caras de la narrativa en América Latina sino un membrete comercial. No hay que pegar por ello el grito en el cielo. El mote pegó, y con tubo. La imaginaria cofradía internacional de lectores inició así la primera migración del centro –tenazmente europeo– hacia una de las periferias.

¿CUÁLES SON LAS CARACTERÍSTICAS
DE UNA "OBRA ABIERTA"?

En 1962, el lingüista, filósofo, explorador cultural y novelista Umberto Eco publicó un libro, en apariencia difícil y
académico, que no tardó en asumirse como un clásico en
vida. Ahí sugería la existencia de dos modalidades opuestas,
aunque no irreconciliables, de obras de arte: "cerradas" y
"abiertas". Nada más ajeno a su exposición que los juicios
de valor. El término "cerrada" no tiene un significado ne-
gativo; del mismo modo, "abierta" no implica una cualidad
positiva. Eco pensaba en modelos hipotéticos y no en categorías críticas.

    ¿Qué es entonces una obra abierta? Consideremos, dice
Eco, una de las composiciones musicales –*Scambi*– de Henri Pousseur, nacido en 1929 y uno de los promotores del
movimiento serial. Tiene dieciséis secciones. El intérprete
tiene libertad absoluta para iniciar o concluir con cualquiera de ellas, sin comprometer la concatenación lógica del
flujo sonoro. Es más, el intérprete puede ordenar las secciones a su antojo, incluso, pongamos el caso, sincronizar la

sección tres y la diez, generando así una compleja estructura polifónica. Más que una pieza a la usanza decimonónica, *Scambi* es un campo de posibilidades, un ejemplo radical del arte combinatorio.

Atrás quedó la concepción de la obra (cerrada) en que el autor definía y organizaba el conjunto de sonidos. Adiós a los mensajes conclusos y definidos de antemano. Estos nuevos ejemplares se confían –remata Eco– "a la iniciativa del intérprete, y se presentan, por consiguiente, no como obras terminadas que piden ser revividas y comprendidas en una dirección estructural dada, sino como obras 'abiertas' que son llevadas a su término por el intérprete al momento en que las goza estéticamente". Si extendemos nuestro modelo a otras expresiones –la poesía, el teatro, las artes plásticas– observaremos que una obra abierta es aquella que exige la colaboración creadora del usuario, lector o espectador. Necesita de él ya que ha nacido inconclusa.

El elogio más generoso que podría hacerse de estas estructuras móviles sería considerarlas el producto de una sensibilidad para la cual el artista no es, ni por asomo, una criatura omnisapiente.

98

¿CÓMO SURGIERON THE BEATLES?

Llegado a este punto, el lector tiene todo el derecho a preguntar: ¿hay cabida para The Beatles junto a Monteverdi, Mozart, Beethoven, Wagner, Stravinski, en fin, los que en la historia de la música han sido, muchos de los cuales no se mencionan siquiera en este libro?

Hagamos un poco de historia. El 6 de julio de 1957 Paul McCartney, entonces de quince años, se sumó a un grupo de amigos para asistir a una celebración social en una iglesia del puerto inglés de Liverpool donde John Lennon, entonces de dieciséis años, se presentaba con su grupo, The Quarrymen. Dice George Martin, quien firmó con The Beatles su primer contrato discográfico en 1962 y produjo todos sus álbumes, hasta que en 1970 se anunció la desintegración, que "ambos debieron sentirse recelosos uno del otro, preguntándose si podrían tocar juntos, tratando de disimular su indiferencia". George Harrison se integró pocos meses después. Hacia 1961, con Pete Best a la batería, la banda ya había sumado a cientos de incondicionales entre los antros de mala muerte de Hamburgo y Liverpool.

Para entonces, ya se hacía llamar The Beatles. Dos momentos marcaron su despegue: en diciembre de 1961, Brian Epstein, quien seguía sus actuaciones en el club La caverna, se convirtió en su representante; en abril de 1962, Epstein conoció a George Martin, ejecutivo de EMI. El resto es del dominio público. A instancias de Martin, Ringo Starr (Richard Starkey) sustituyó a Pete Best. El 4 de septiembre de 1962, The Beatles grabaron su primer sencillo: "Love Me Do". Su primer álbum, *Please Please Me*, apareció en mayo de 1963. En unos cuantos días, se colocó en el primer sitio de las listas de popularidad en Inglaterra.

Los ocho años en que John, Paul, George y Ringo permanecieron juntos son irrefutablemente superiores a toda la música popular, desde el nacimiento del blues hasta Elvis Presley, que les antecedió. De hecho, y como ha confesado el mismo George Martin, "de alguna forma se las ingeniaron para tomar lo mejor de la música estadounidense, absorberla y reproducirla de una manera fresca, diferente y brillante". Hace algunos años, un grupo de críticos selectos aclamó a *El sargento pimienta…* como el mejor álbum musical de todos los tiempos. Sobre los otros, casi una docena, habría que agregar que se hallan inmediatamente después de él, sin que el orden importe.

¿QUIÉN ES LA PIEDRA ANGULAR DE LA POESÍA
MEXICANA DE LA SEGUNDA MITAD DEL SIGLO XX?

Dice el escritor mexicano Luis Miguel Aguilar que Octavio Paz es, "y tal vez seguirá siendo, nuestro único punto de partida". Representa al poeta en lengua española capaz de "proveer una afirmación inicial, necesaria, y que por lo mismo ofrecerá luego la opción de enfrentarse a él —como enfrentándose uno a su propio abismo narcisista— y salir reconstituido, apto, en fin, para el crecimiento". Sería algo así como "un primer amor idealizado", intenso y transparente, al que el contacto con un amor más crítico irá poniendo en su lugar. Su obra poética equivaldría a la primera piedra sobre la cual reposa un enorme rascacielos, el de la cultura mexicana de la segunda mitad del siglo xx.

Esa obra comenzó a erigirse en 1931, cuando Paz publicó algunos poemas en diarios y revistas, y se afirmó en 1949 tras la aparición de *Libertad bajo palabra*. En 1996, dos años antes de morir, Paz reunió todos sus esfuerzos en dos volúmenes a los que les asignó un título modesto, *Obra poética*, que dejó a un lado algunos trabajos de juventud. ¿Qué temas, qué preocupaciones permanecieron, y con seguridad permanecerán, constantes? En primer lugar, una visión sublime del erotismo; la sexualidad nos trasciende. En segundo lugar, una fe insustituible en la razón, una respuesta al lado oscuro de la política y la historia. Paz fue un poeta conceptual en el amplio sentido de la palabra. Para él un poema empezaba con una idea, con una conformación racional de los hechos físicos y emotivos a su alrededor. La ausencia de este horizonte lo volvía irreconocible. No es que haya sido un poeta moderno, sino que era un poeta de la modernidad y para la modernidad. Parecen incontables las ocasiones en que Paz definió la voracidad intelectual como una prolongación del espíritu crítico y libre de la cultura occidental, desde Montaigne hasta Milan Kundera.

Sus ensayos políticos, literarios, sobre la pintura, la escultura y la arquitectura, sobre el papel del artista en las sociedades contemporáneas, son de una precisión y una profundidad argumentativas poco frecuentes en la cultura hispanoamericana. En su caso, la poesía no antecedió ni superó a la prosa. Ambas fueron rayos trenzados que permanecieron en tensión y en equilibrio. Ya que vivió para la literatura, es justo recordarlo, al menos por ahora, con unos de sus versos: "*Tu mirada es sembradora. / Plantó un árbol. / Yo hablo / porque tú meces los follajes*".

100

¿QUIÉN ES EL MÁS MODERNO
DE LOS NOVELISTAS MEXICANOS?

Pocos escritores mexicanos de las últimas décadas han ensanchado las áreas de influencia de la novela con una fuerza tan exclusiva como Carlos Fuentes. Parece quererlo todo y parece que nada se le resiste: la ciudad con sus ceremonias de iniciación mítica o amorosa, el pasado y el presente mexicanos en los que confluyen el universalismo europeo y los particularismos indígenas, la política como práctica de la imaginación, la historia como hija y partera de la ficción. Cuando escribe, Carlos Fuentes participa de una lectura de los libros del mundo. La literatura es para él un millón de señales provenientes de un billón de refriegas librescas. ¿Cómo se las arregla?

Tomemos su obra –caudalosa y multifacética– por un momento e intentemos asignarle una forma específica. Es cierto: la exuberancia nos abruma, nos remite a un diseño enteramente fecundo. No es sólo la sobreabundancia, es la naturaleza plural y divergente de cada uno de sus elementos. Tan pronto damos con la profundidad sobrenatural de *Aura,* por ejemplo, se levanta frente a nosotros la arquitectura polifónica de *Terra Nostra* o nos asalta el vértigo de las guerras independentistas de *La campaña,* o la intimidad sobrecogedora de *Los años con Laura Díaz.* Carlos Fuentes lo desea todo y se muestra muy capaz de conseguirlo. Su empresa descomunal intenta reelaborar, reinterpretar y reinventar la tradición literaria. Al querer escribirlo todo, Fuentes declara haberlo leído todo. La condición no es crear de la nada para obtener una parcela de conocimiento del hombre y su mundo sino reescribir los libros sin los cuales los libros de Fuentes no serían posibles. El impulso que guía su imaginación creadora consiste en escrutar el pasado para entender cómo y en qué medida las palabras olvidadas o erosionadas pueden servirnos aún de modelo y fundamento.

Carlos Fuentes nació el 11 de noviembre de 1928 en la Ciudad de México. Publicó su primer libro, *Los días enmascarados* –seis relatos– en 1954. Su obra sigue en proceso, como la corriente de un río que no cesa. No hay duda, la novela mexicana es una antes de Carlos Fuentes y otra muy distinta después de él. Desde *La región más transparente,* publicada en 1958, es moderna, abierta al mundo, contemporánea de todas las tradiciones.

101

¿QUÉ ES CULTURA?

Entre otras acepciones, El *Diccionario de la lengua española* ofrece estas tres para definir el término *cultura*: "Conjunto de conocimientos que permite a alguien desarrollar su juicio crítico"; "Conjunto de modos de vida y costumbres, conocimientos y grado de desarrollo artístico, científico, industrial, en una época, grupo social, etc."; "Conjunto de las manifestaciones en que se manifiesta la vida tradicional de un pueblo". La primera es pedagógica, quizá filosófica; la segunda es antropológica; la tercera es etnográfica. La palabra ha bailado con tantas parejas que no es fácil reconocer con quién llegó a la fiesta de la civilización y con quién se irá cuando se apaguen las luces. Hablamos, por ejemplo, de cultura científica en oposición a cultura humanística, de cultura popular por encima o por debajo de la alta cultura; de cultura laboral, de cultura empresarial, cultura física, cultura de masas, cultura ganadera, cultura gastronómica, cultura vial, cultura etílica, forense, futbolera. Para no hablar de contracultura, multiculturalismo, cibercultura, sub-socio-intra-cuasi-proto-inter-cultura. Bien, se ha desplazado sobre la pista como un gato en un campanario. Ahora dejemos que tome aire.

Etimológicamente, la palabra *cultura* proviene de la raíz indoeuropea *kwel-*, que en latín derivó en *colo*, que en sus orígenes aludía a la acción de "andar habitualmente en el campo". Más tarde, *colo* admitió los significados de "habitar", "cultivar", "cuidar" (el campo) y "venerar" (a los dioses). El filólogo Joan Corominas estableció que en nuestra lengua la palabra *cultura* está documentada desde 1515, aunque no refiere su modo de empleo. Cultura, pues, nos remite al antiguo imperio romano y, por extraño que parezca, no a la Grecia clásica. Fue el filósofo y brillante orador Marco Tulio Cicerón (106-21 antes de Cristo) quien acuñó el término *cultura animi* para precisar la tarea de la filosofía: cultivar el espíritu. En sus *Disputas tusculanas* adoptó el modelo del diálogo platónico para disertar sobre el desprecio a la muerte, el dolor y la virtud que se basta a sí misma para alcanzar una existencia dichosa. Son, como toda su obra, una puesta al día de la tradición helenística. Cicerón, digámoslo sin rodeos, puso su pasión al servicio del cultivo del espíritu.

"Este primer concepto de cultura [señaló el escritor mexicano Gabriel Zaid], continúa vigente. La cultura como libertad que crece, gracias a las grandes obras literarias, musicales, visuales, no es la cultura de los etólogos ni de los antropólogos. Es la cultura que se hace personalmente, tanto en el momento de creación de los clásicos, como en el momento de recrearlos y recrearse leyéndolos (escuchándolos, viéndolos)". Debemos renunciar a considerar la cultura desde una perspectiva acumulativa o especializada. La cultura es una casa. A ella invitamos a aquellas obras y a aquellos autores que estimulan nuestra libertad creadora y reflexiva para practicar el arte de la conversación. La cultura es la casa de la conversación.

101 Preguntas para ser culto
de Roberto Pliego
se terminó de imprimir en marzo del 2009
en Litográfica Ingramex, S.A. de C.V.
Centeno 162-1 Col. Granjas Esmeralda
México, D.F. 09810